Esprit de Noël

Un Magnifique Livre de Coloriage pour Adultes

Anti-Stress

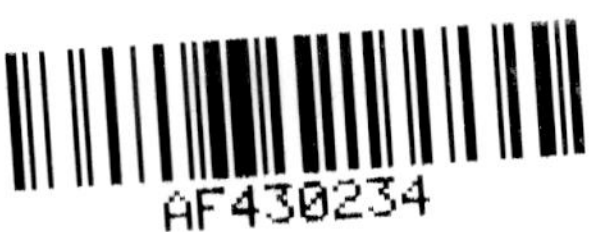

Kh. EL.

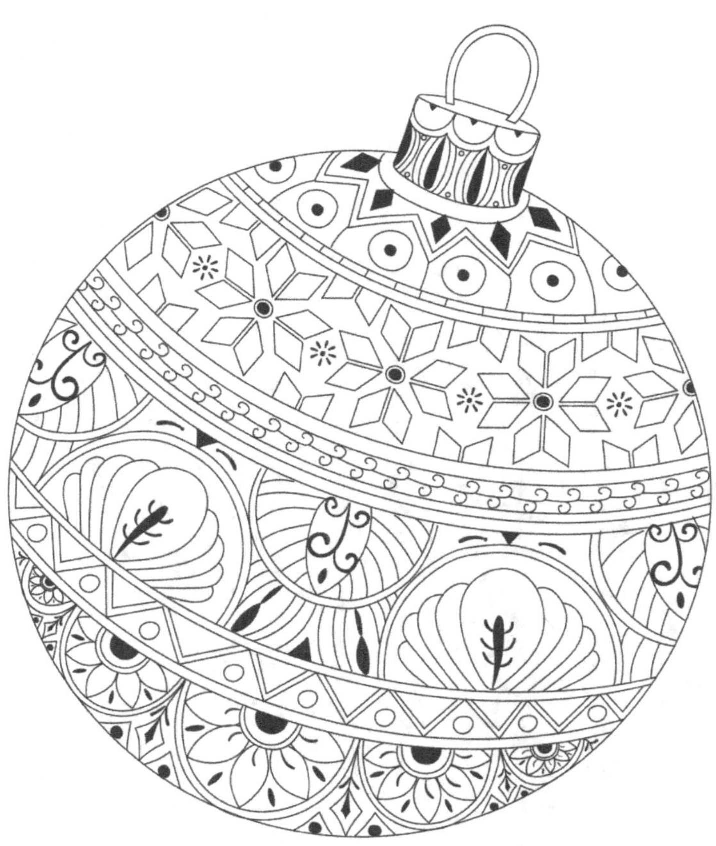

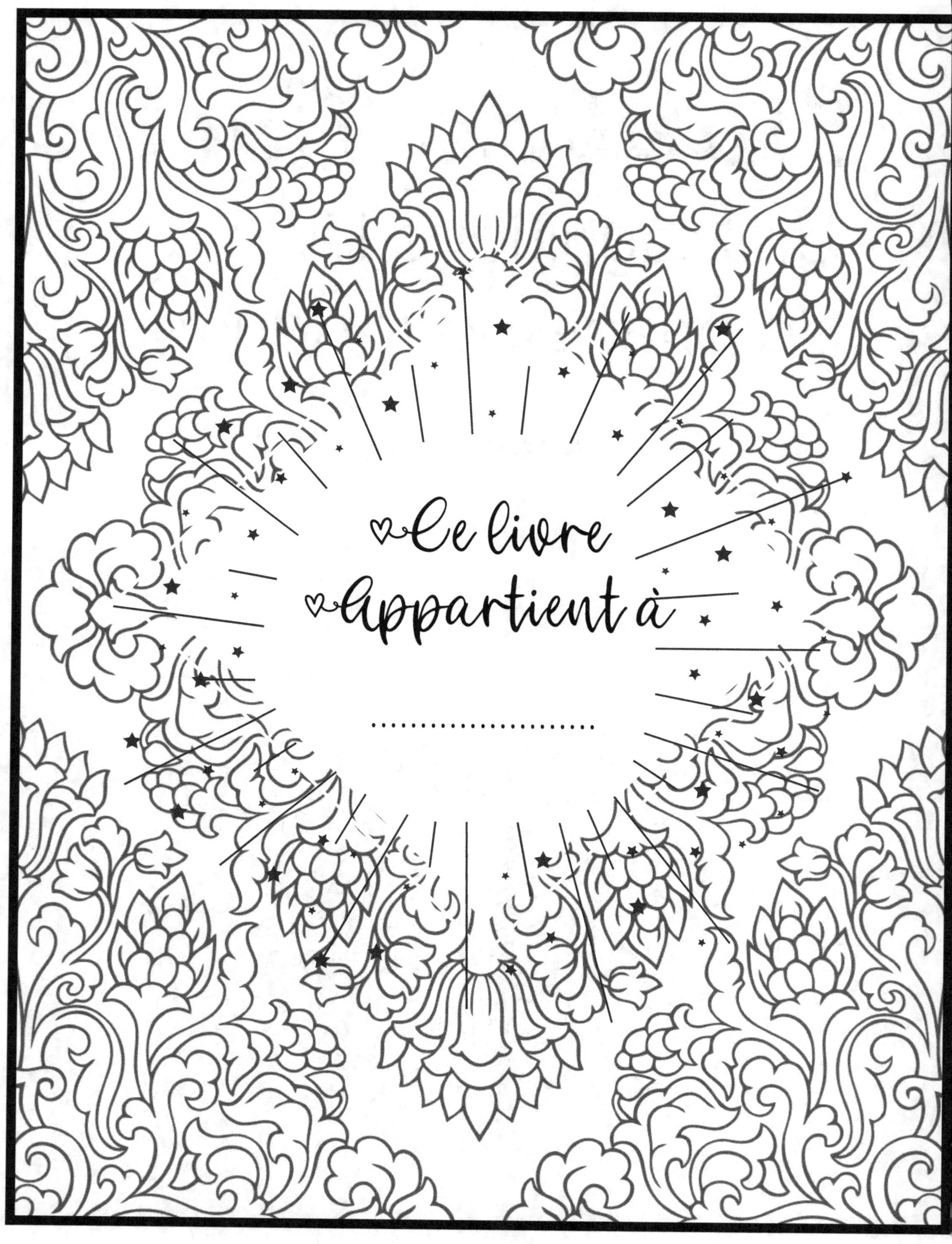

Ce livre
appartient à

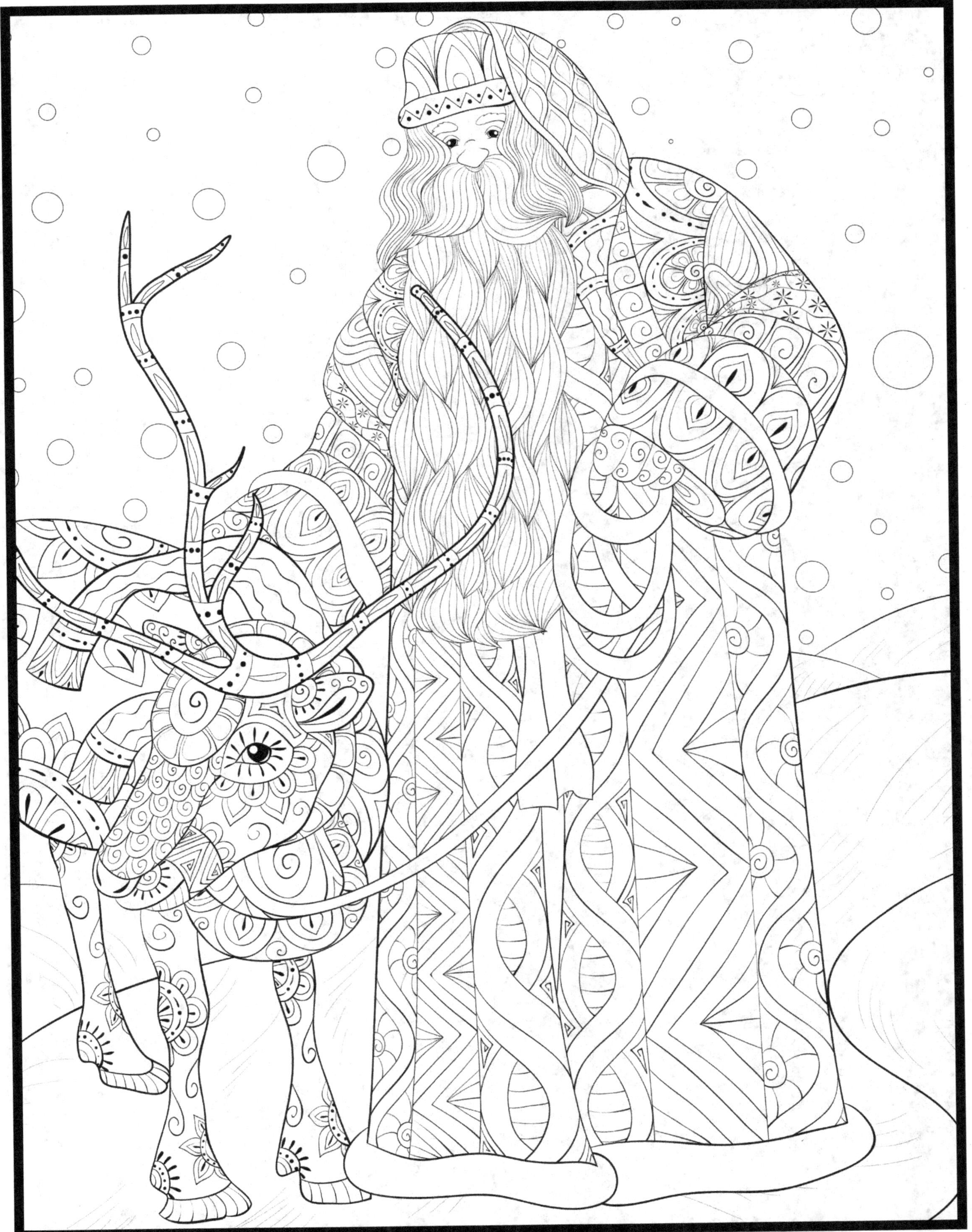

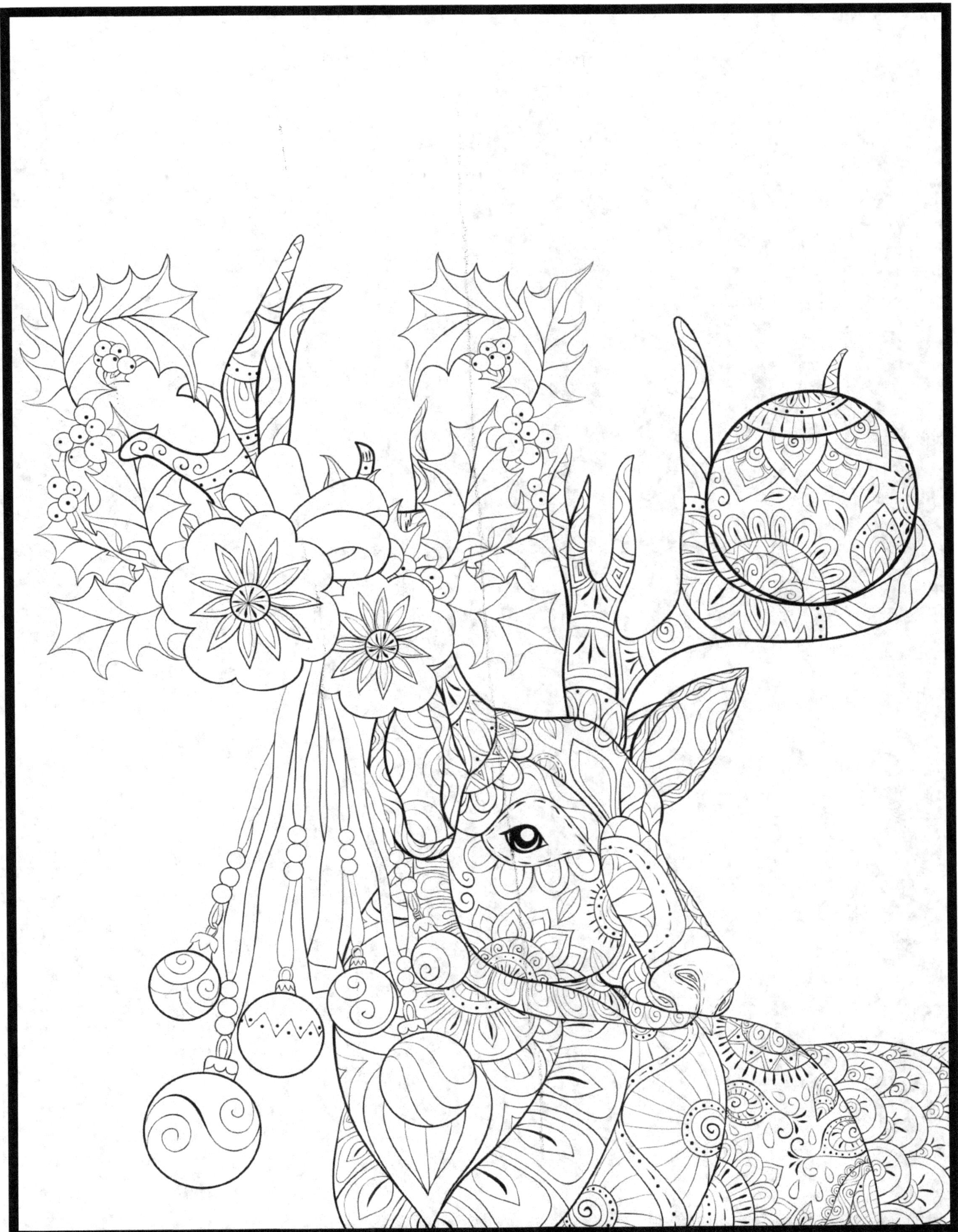

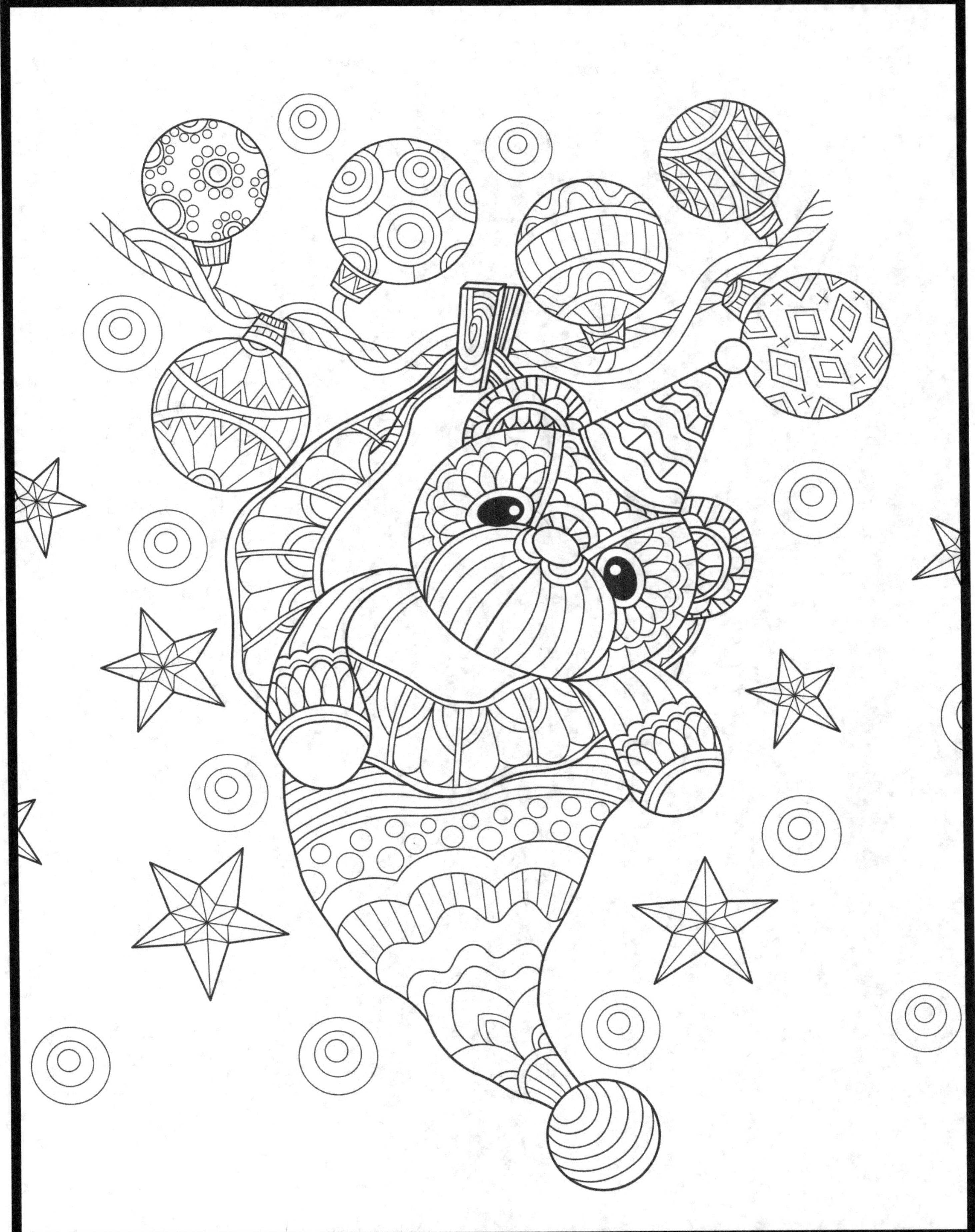

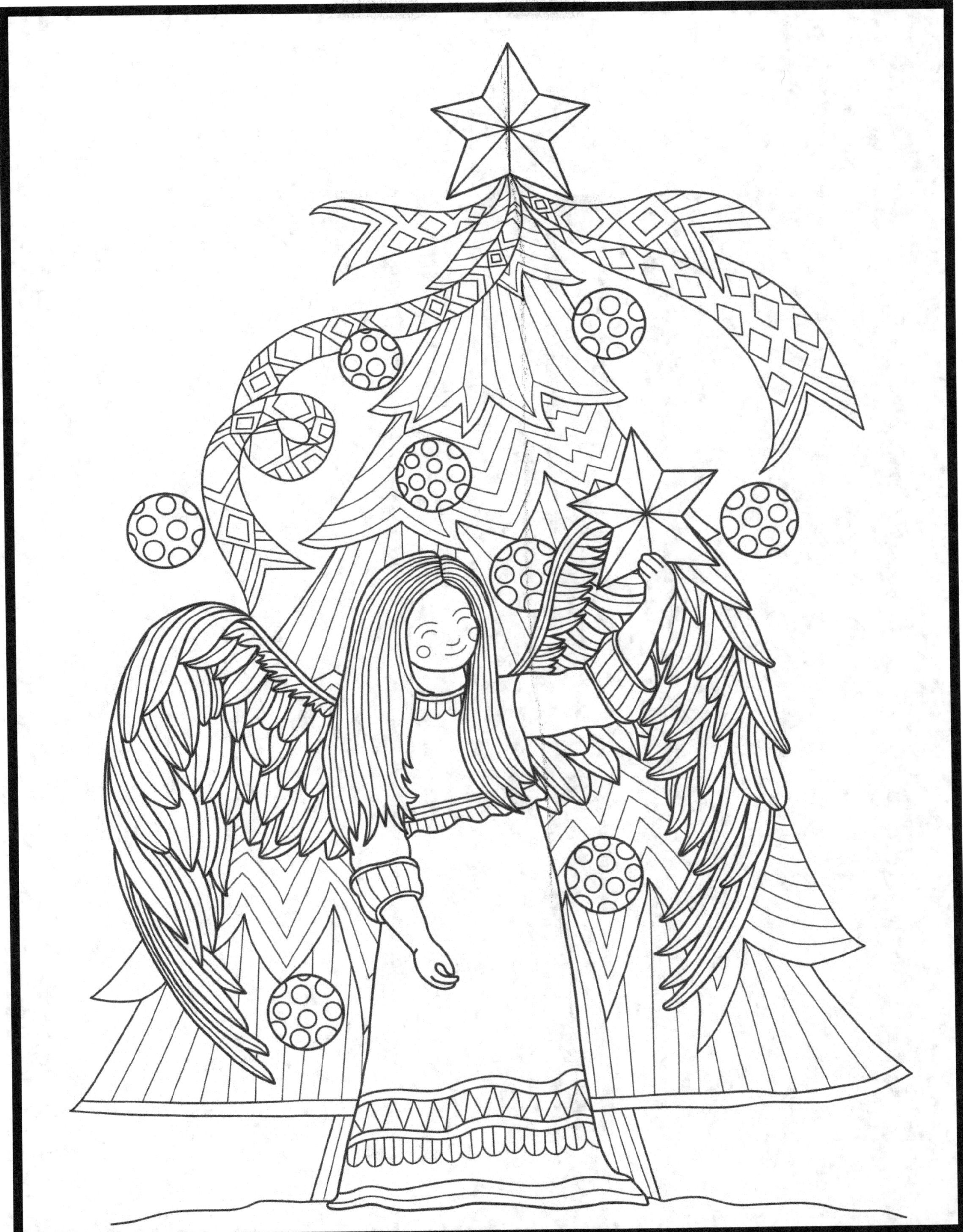

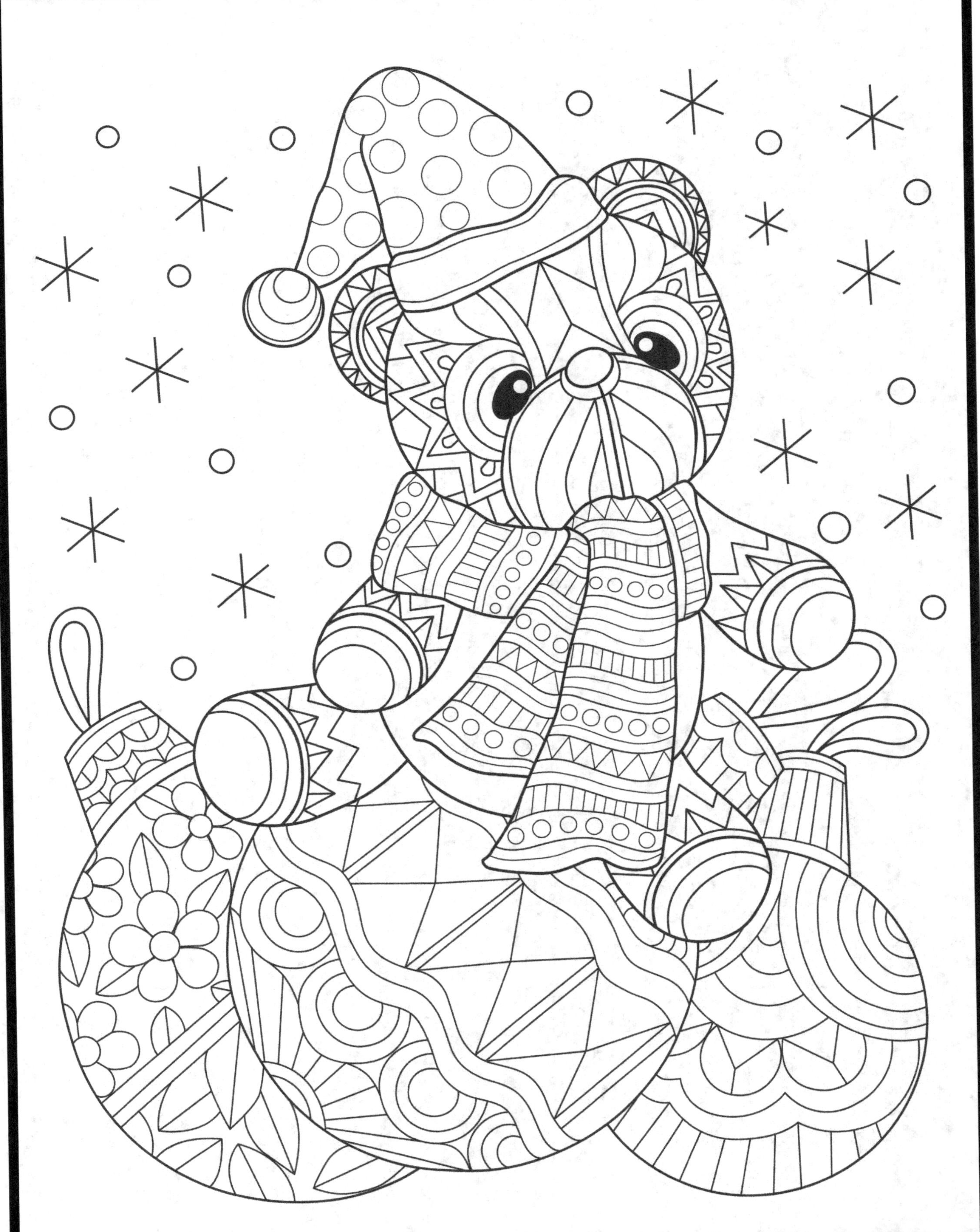

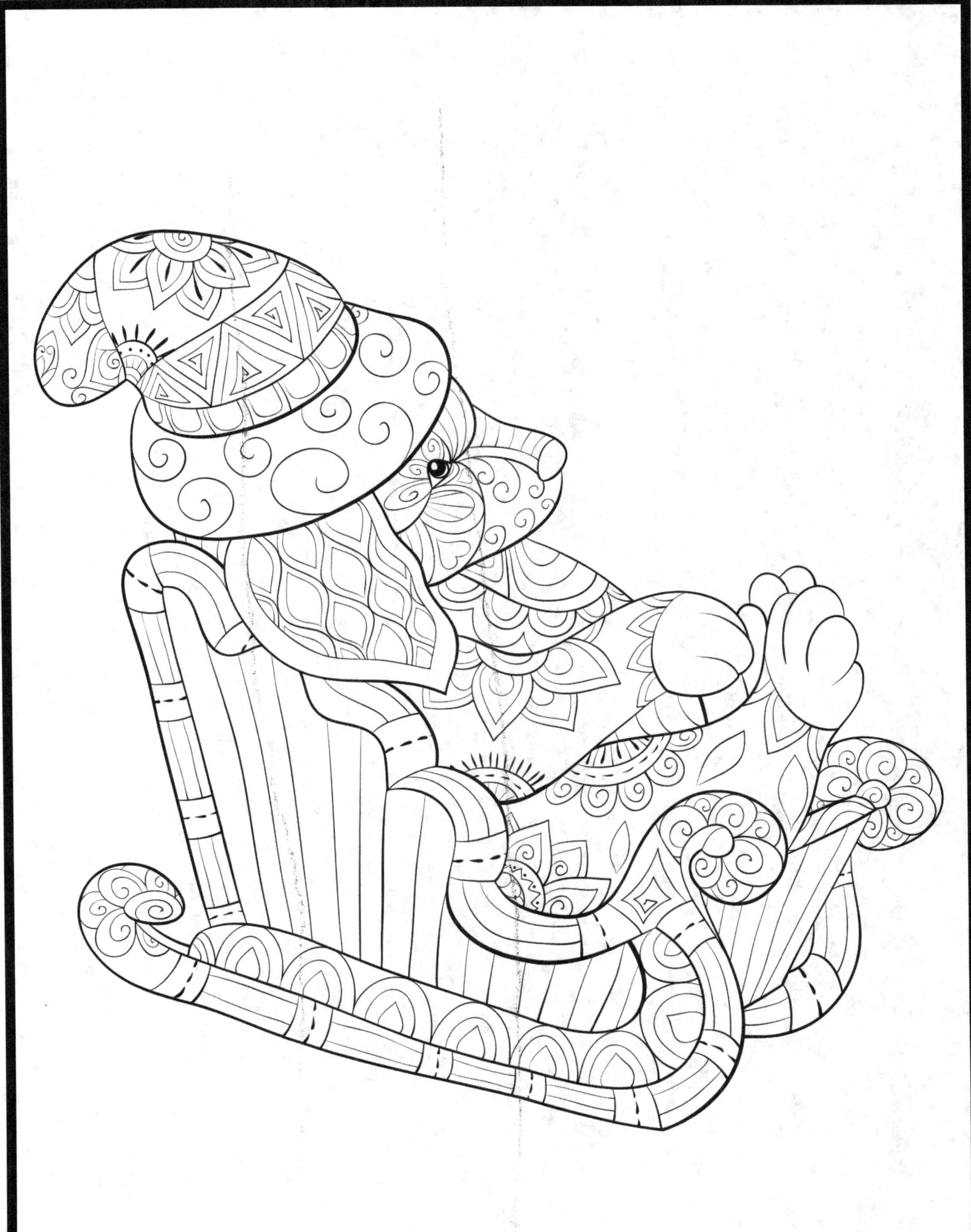

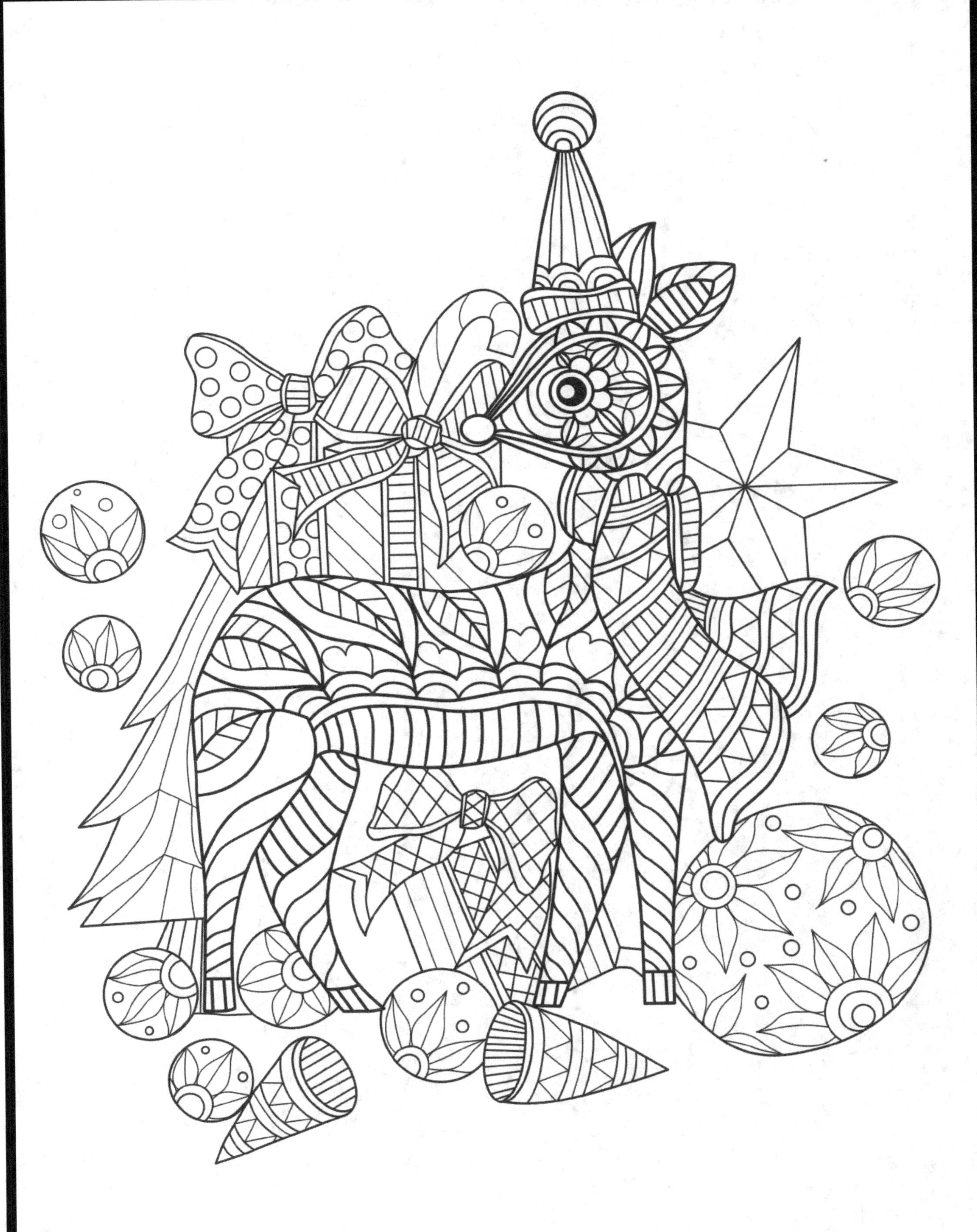

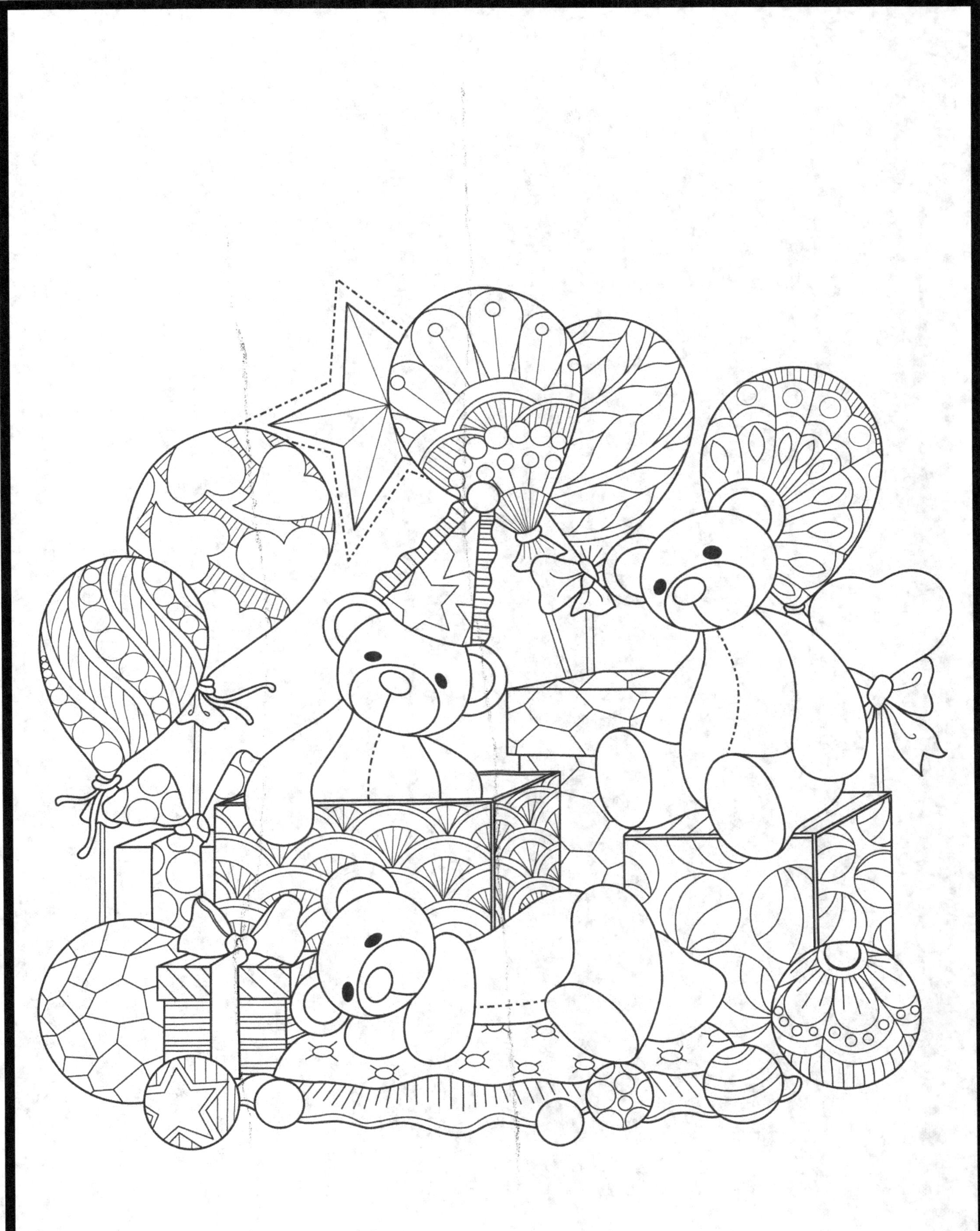

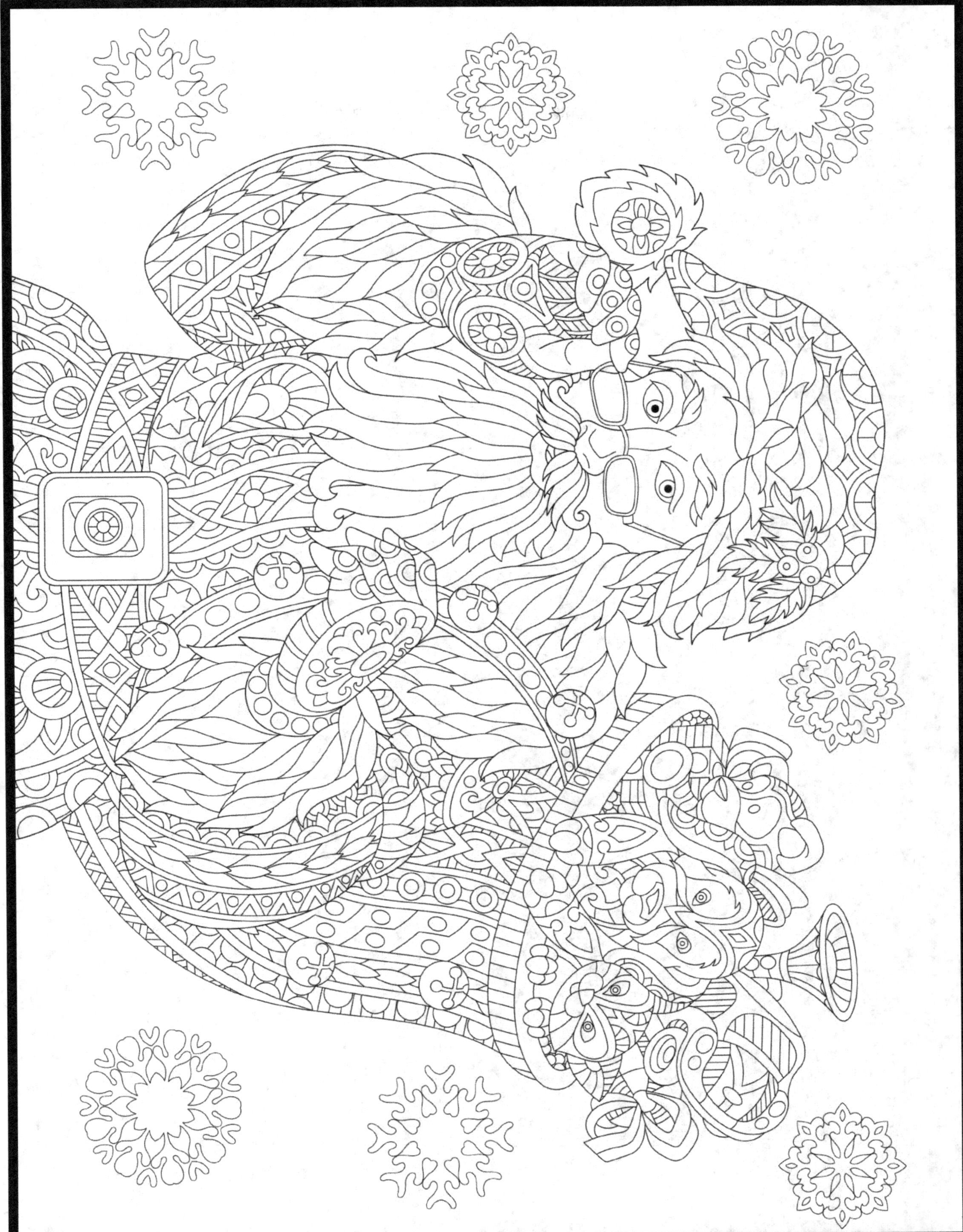

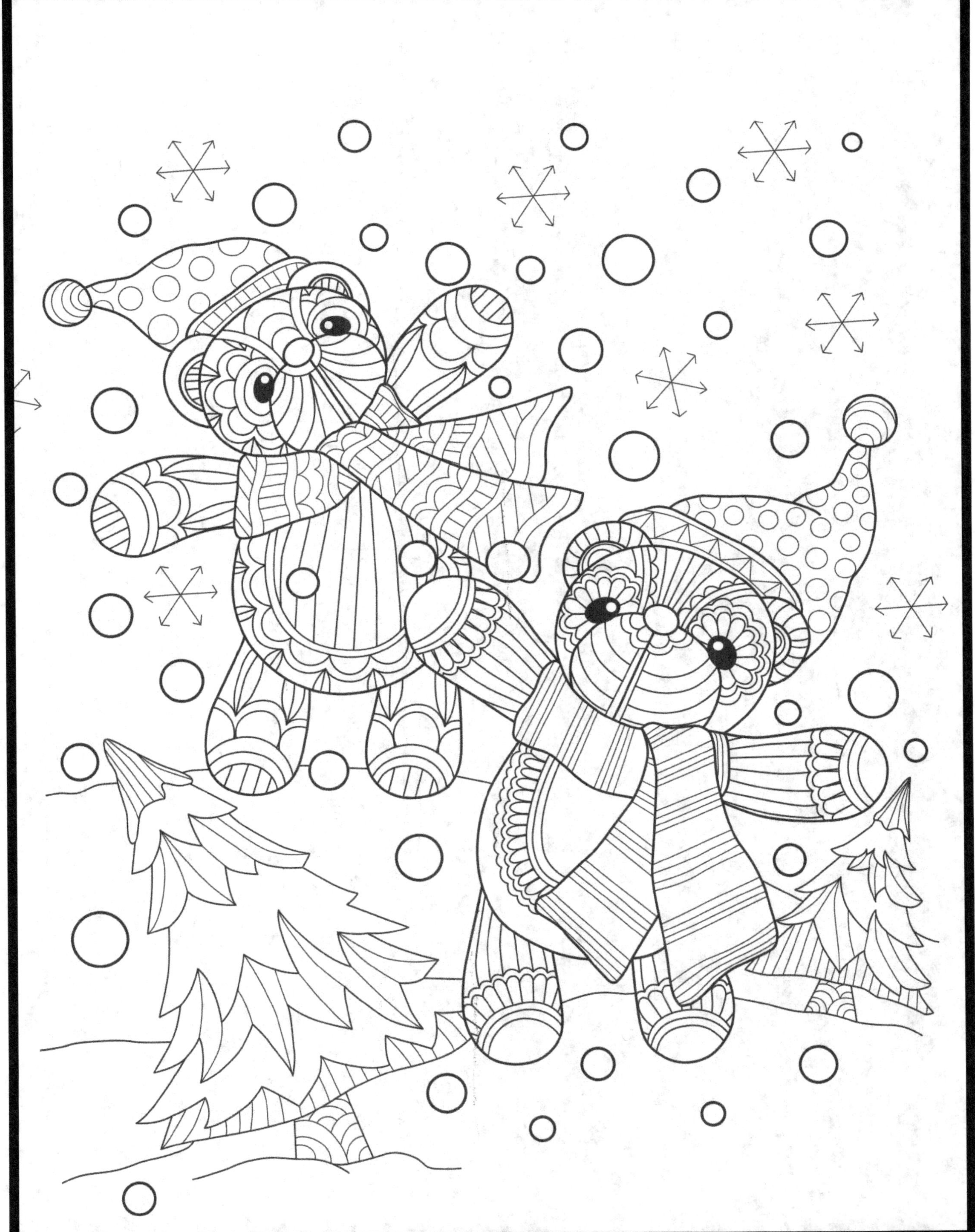

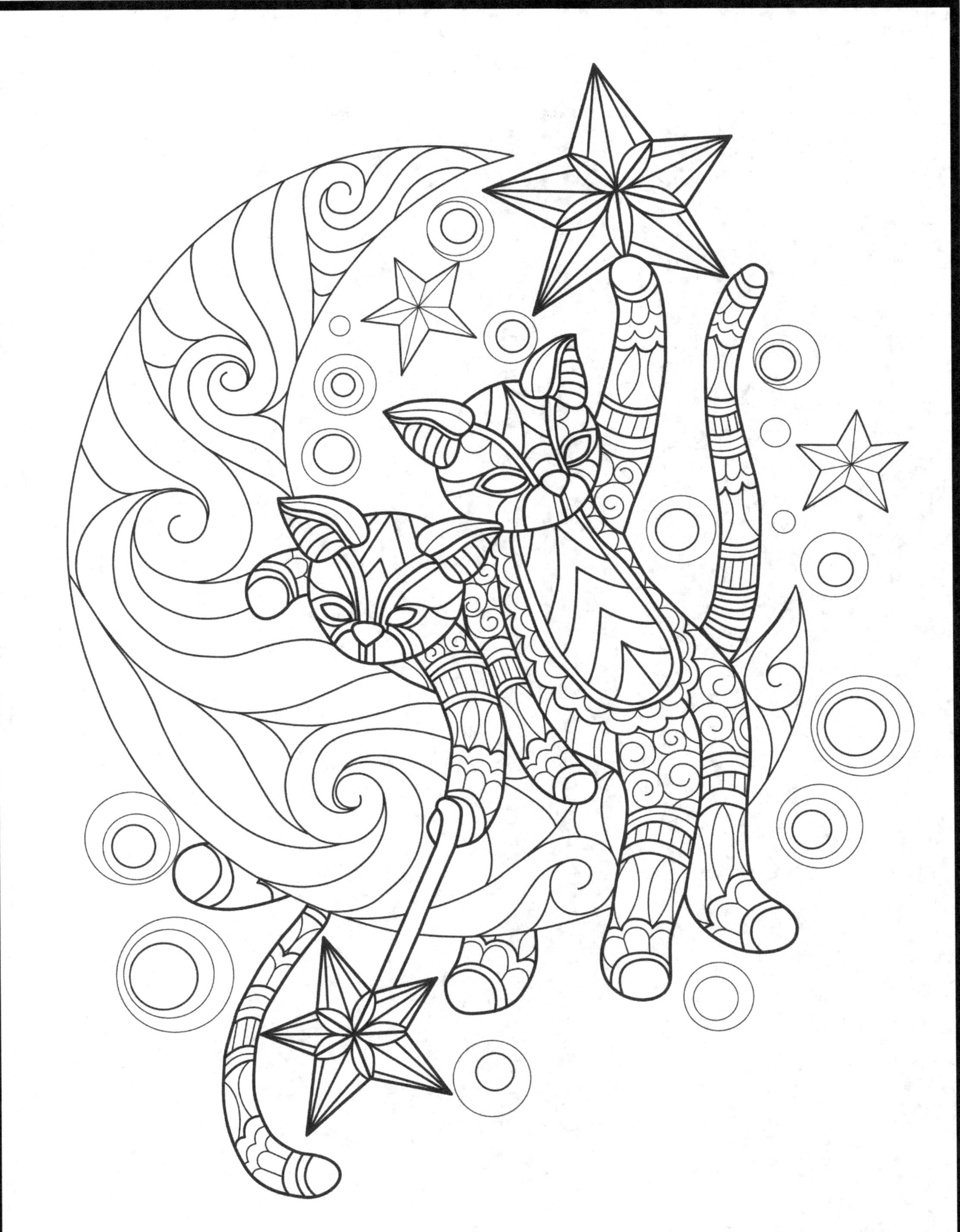

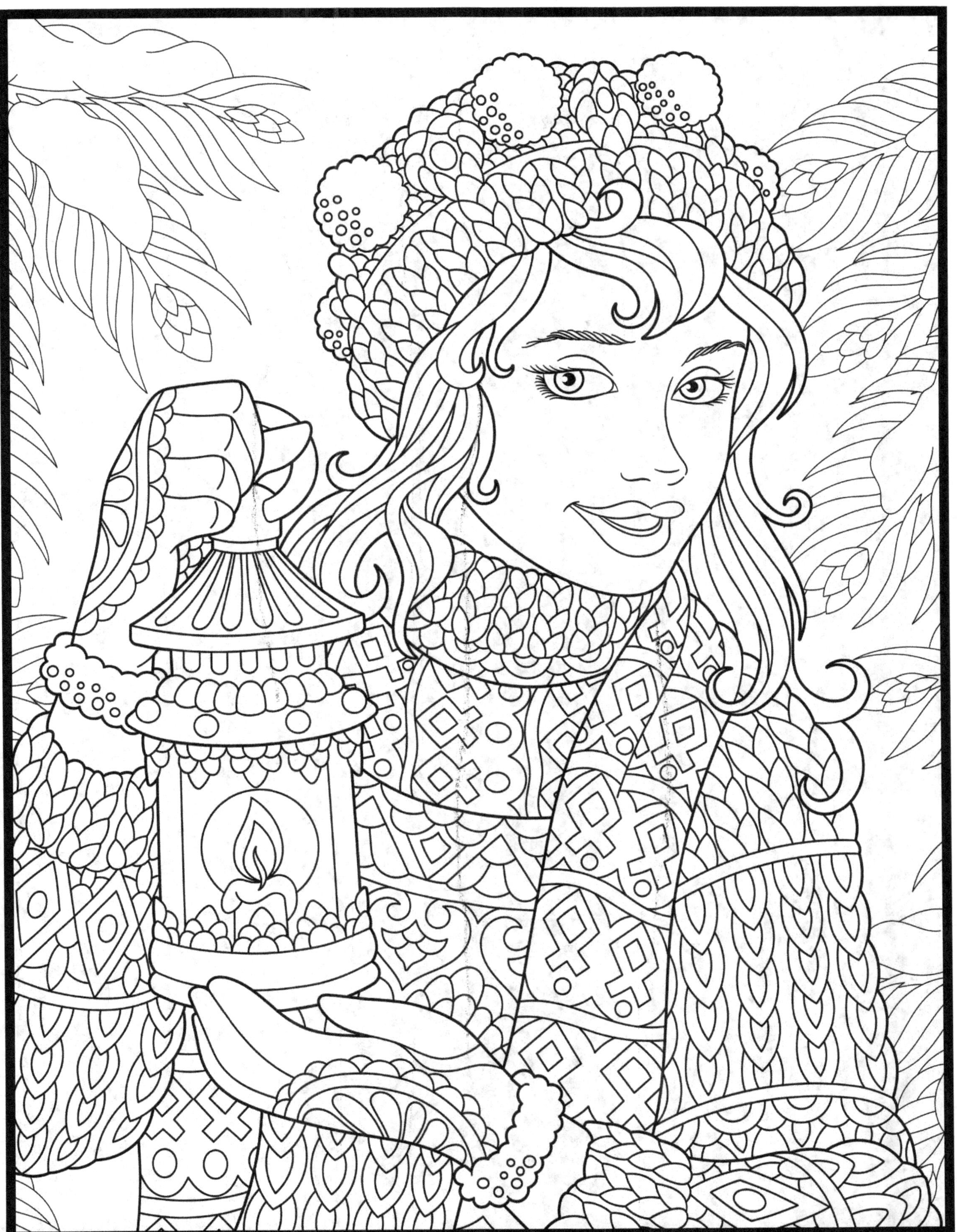

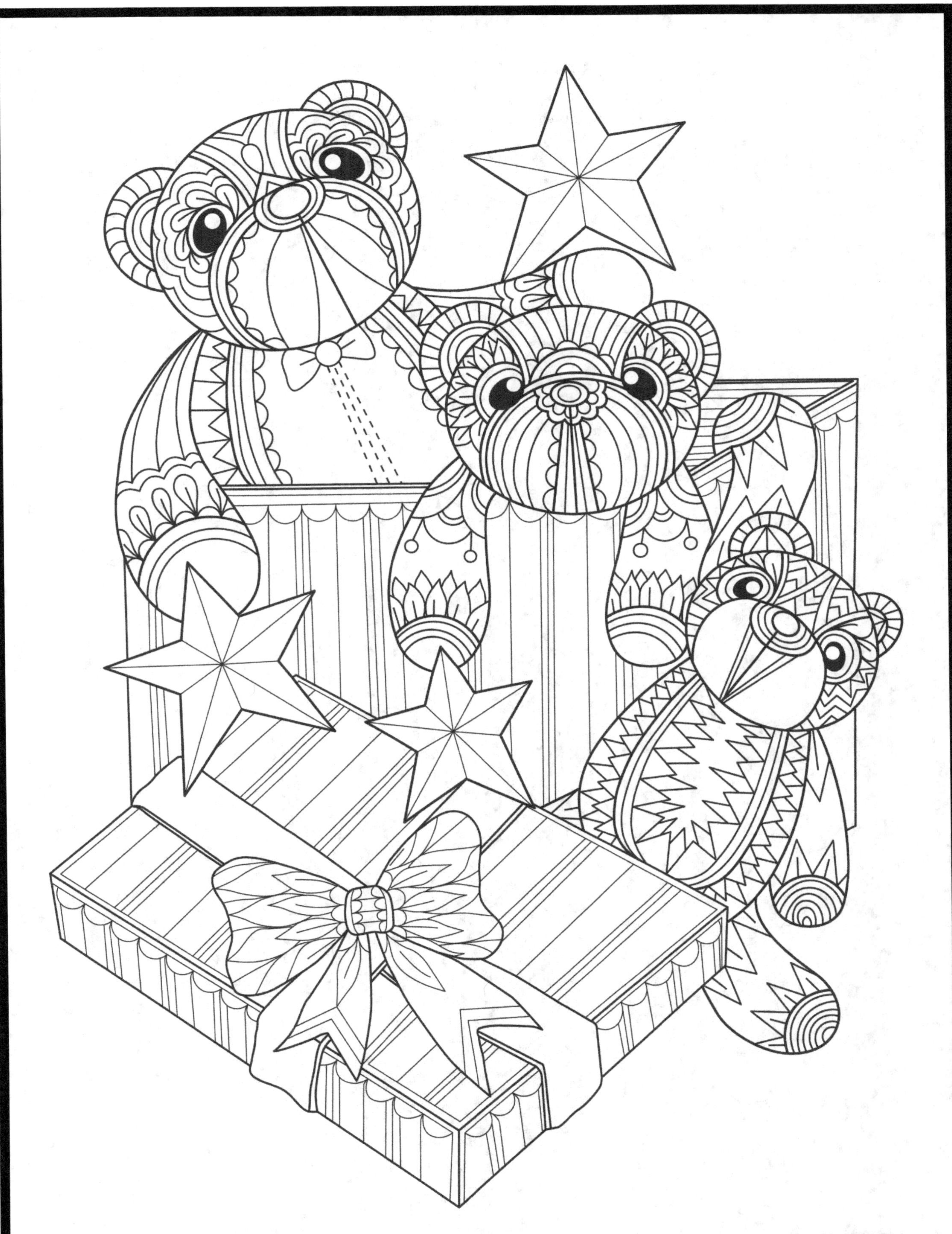

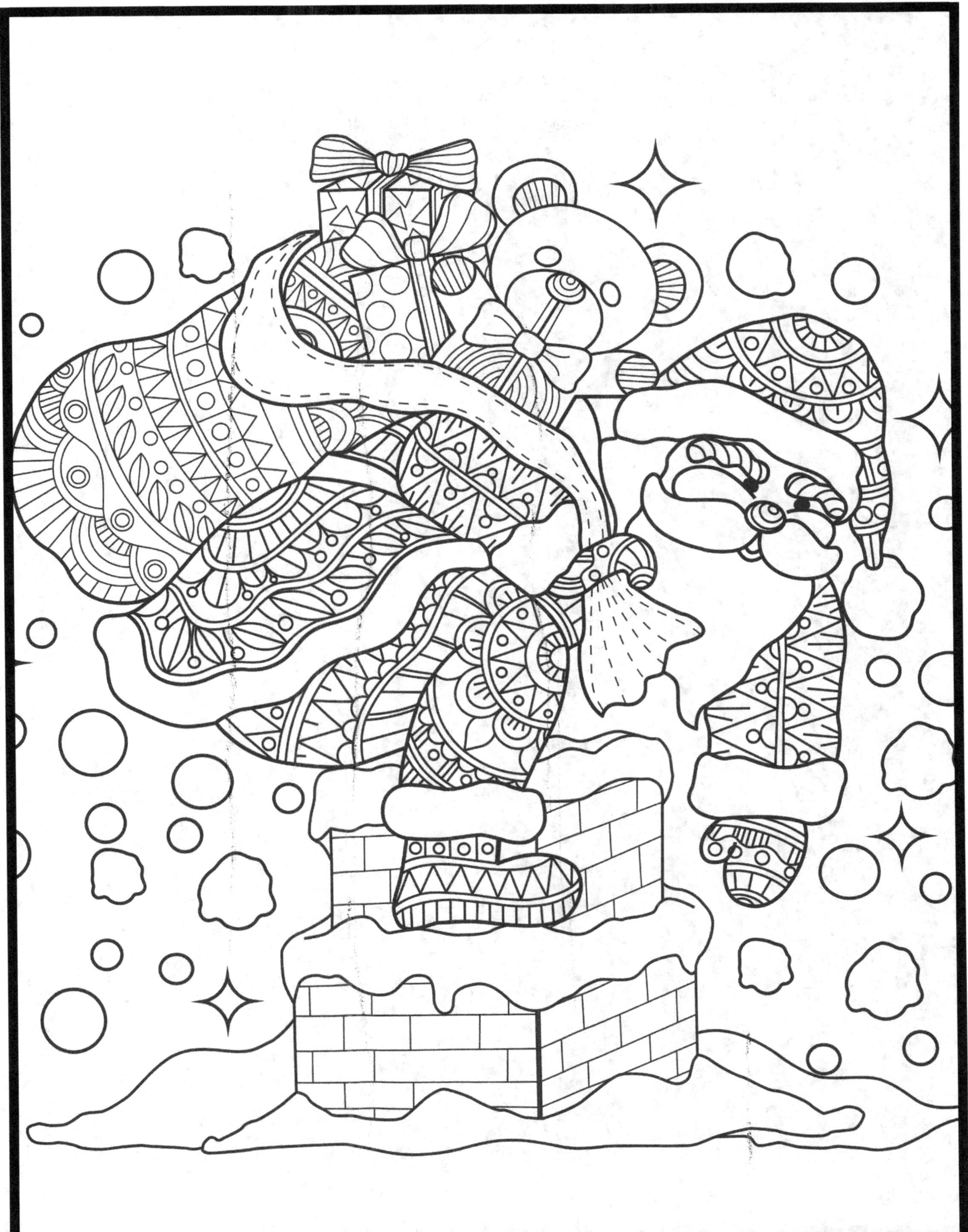

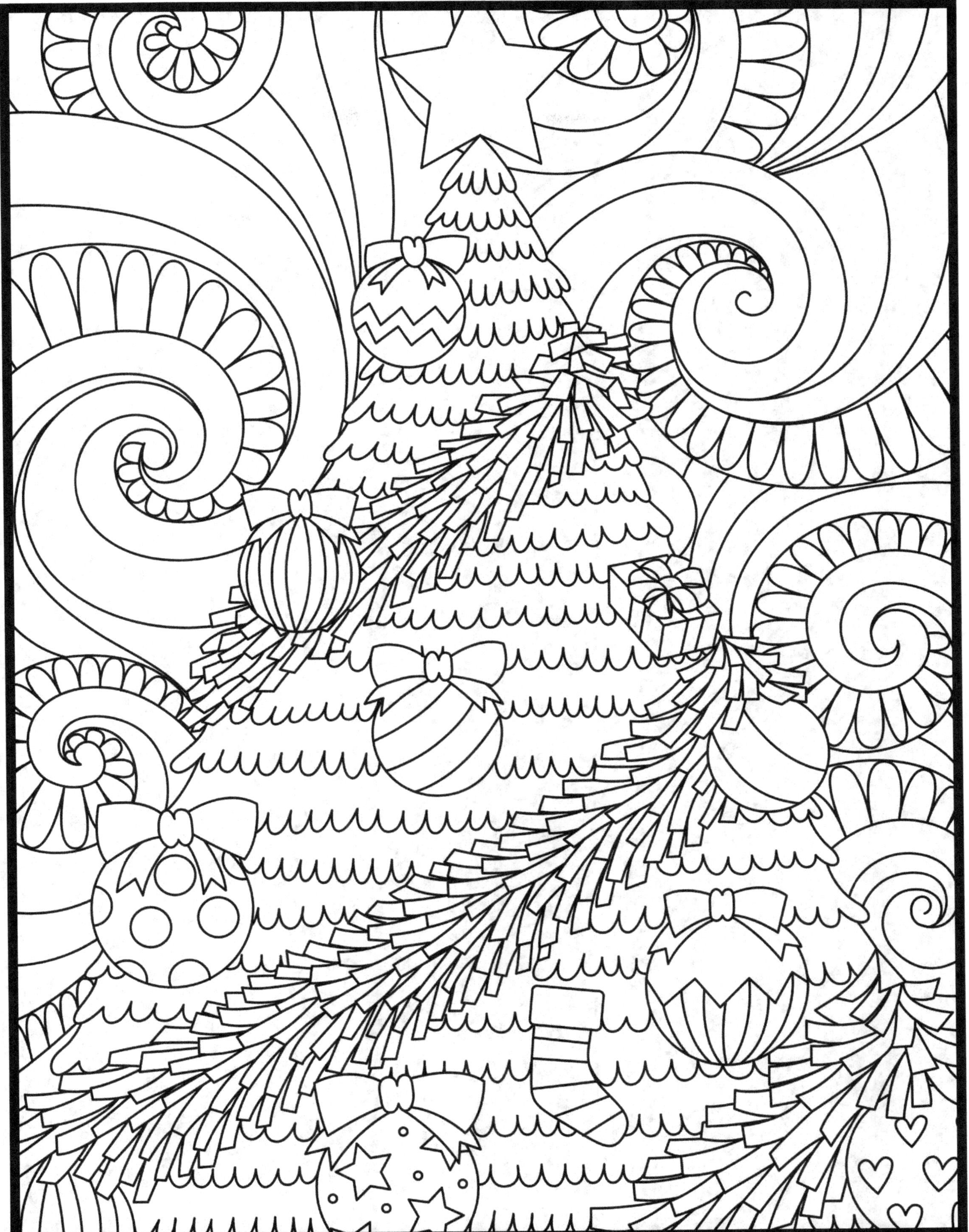

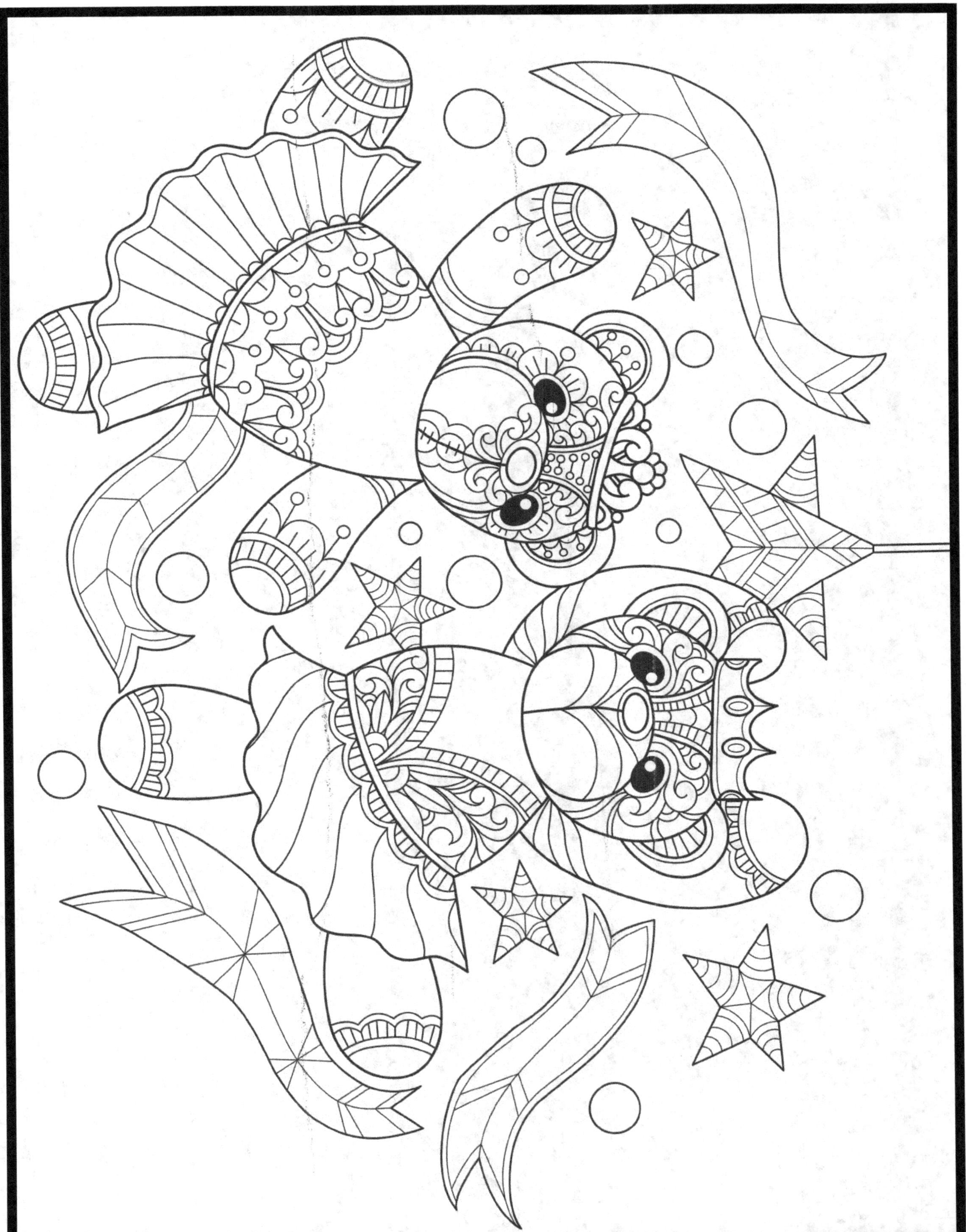

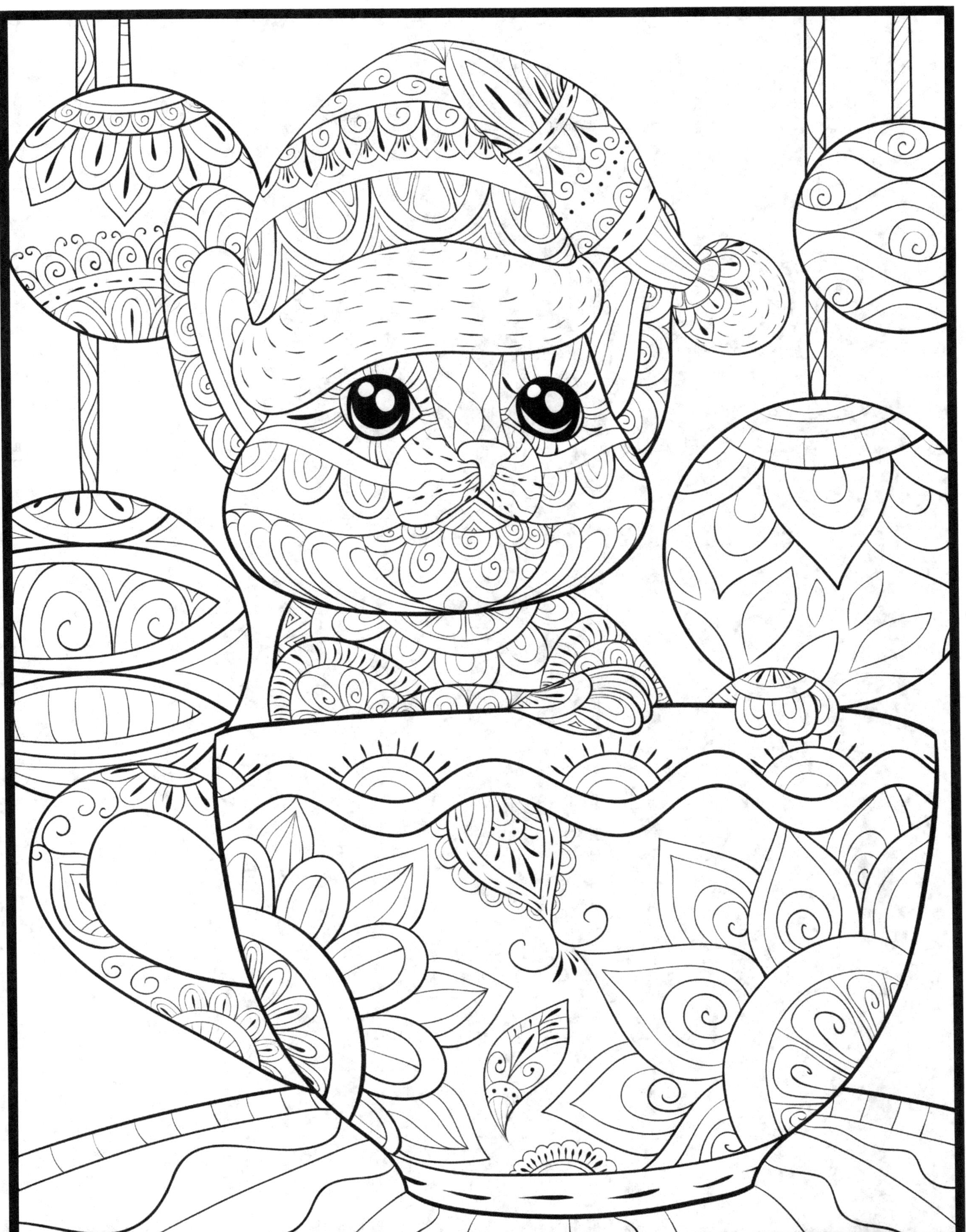

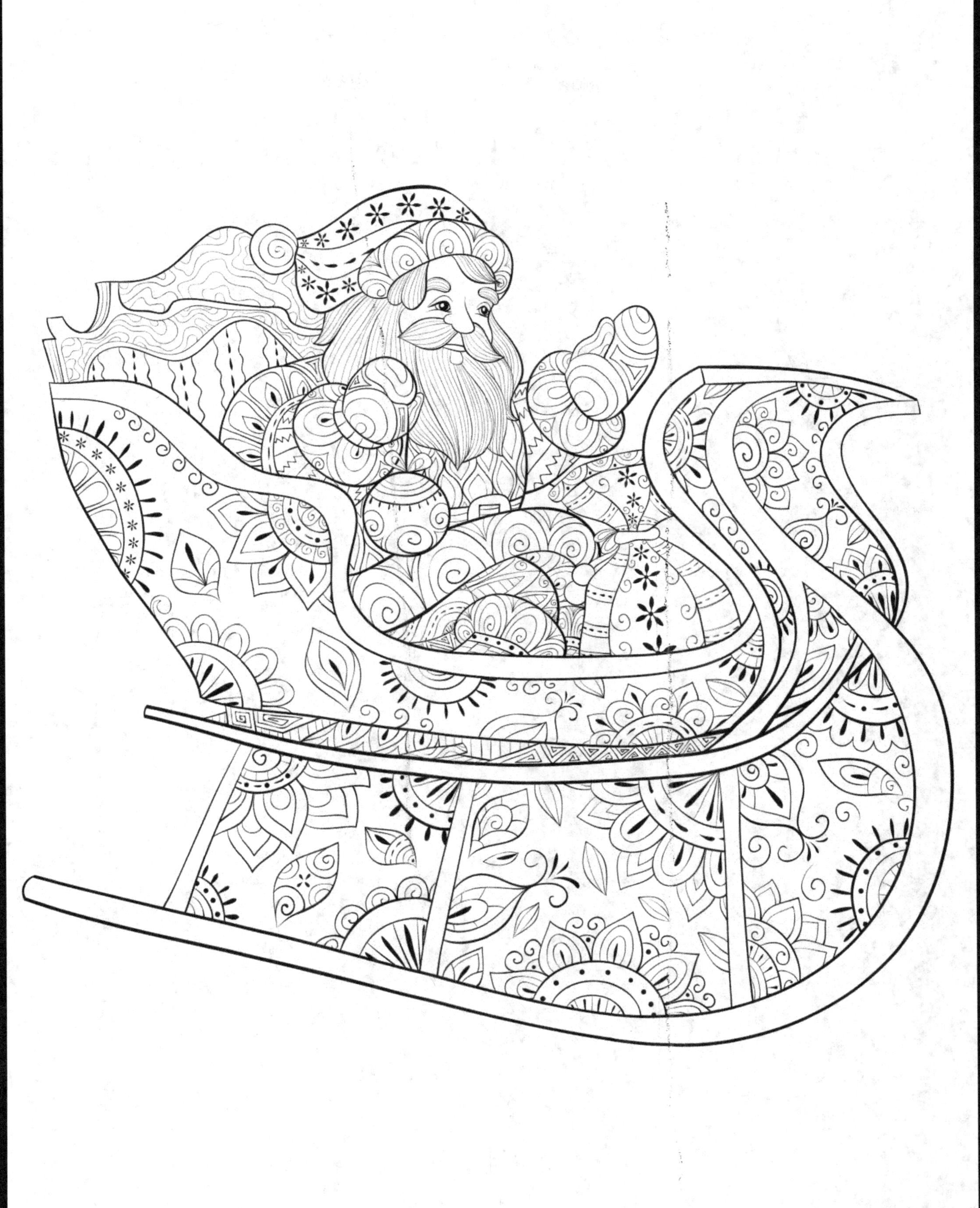

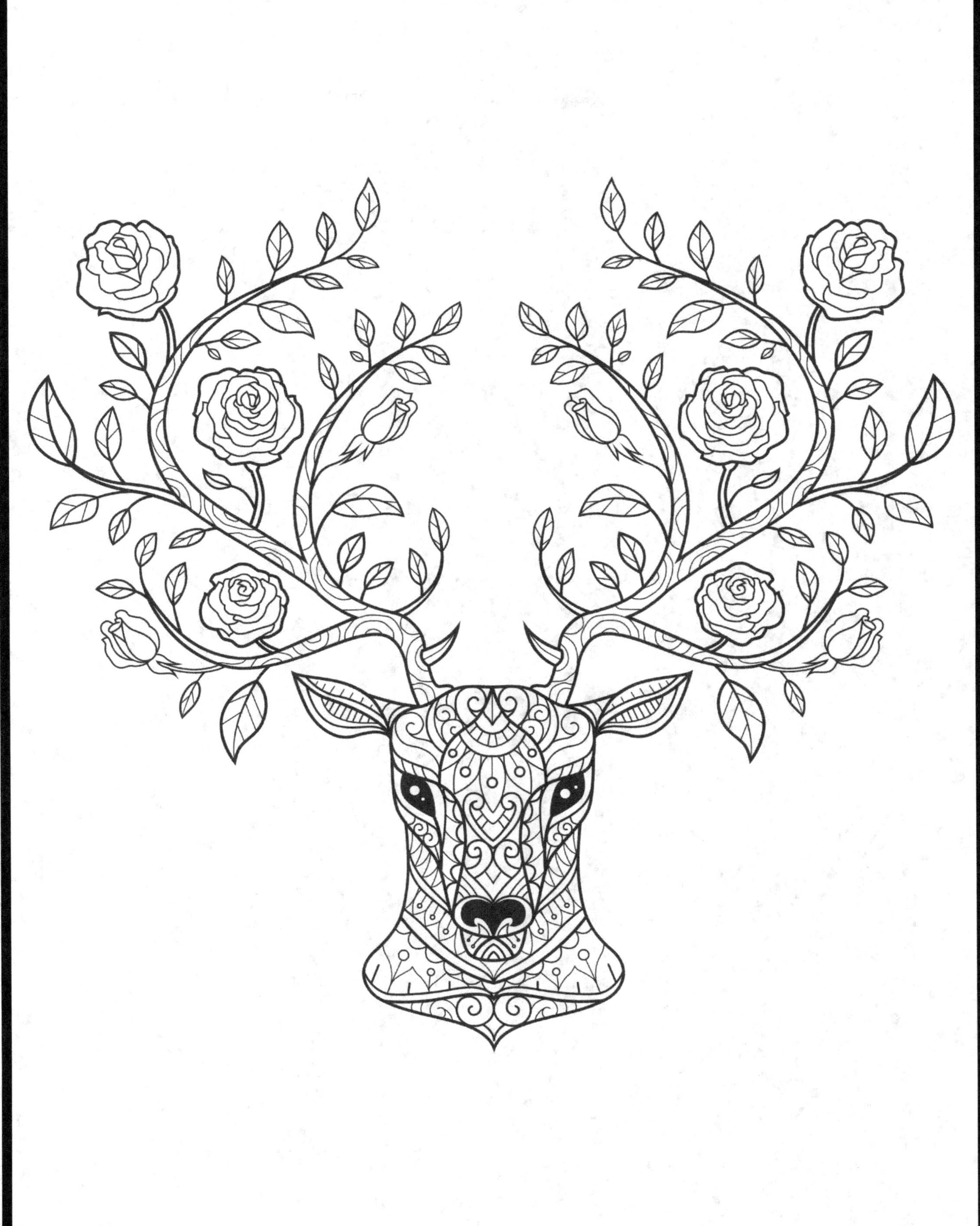

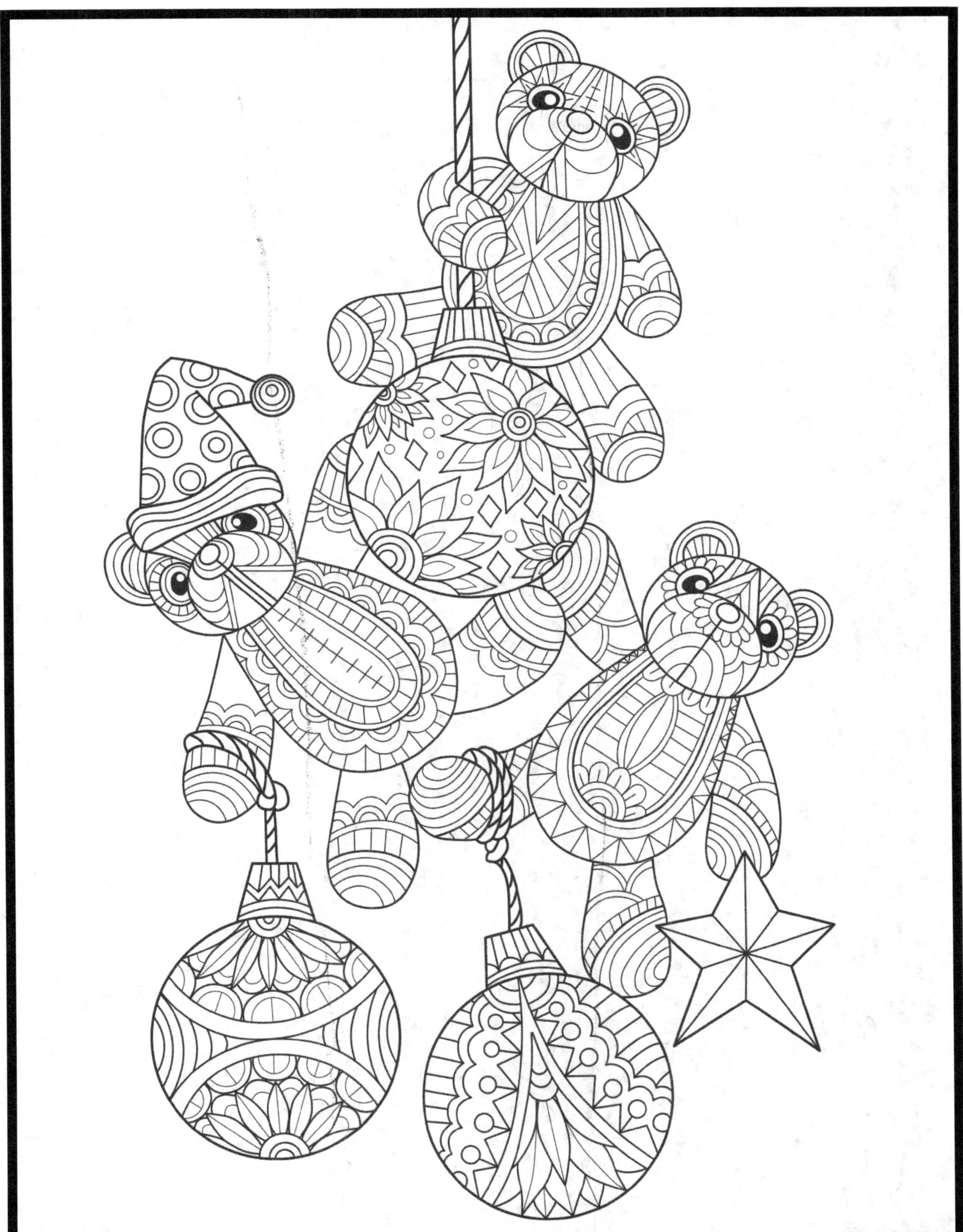

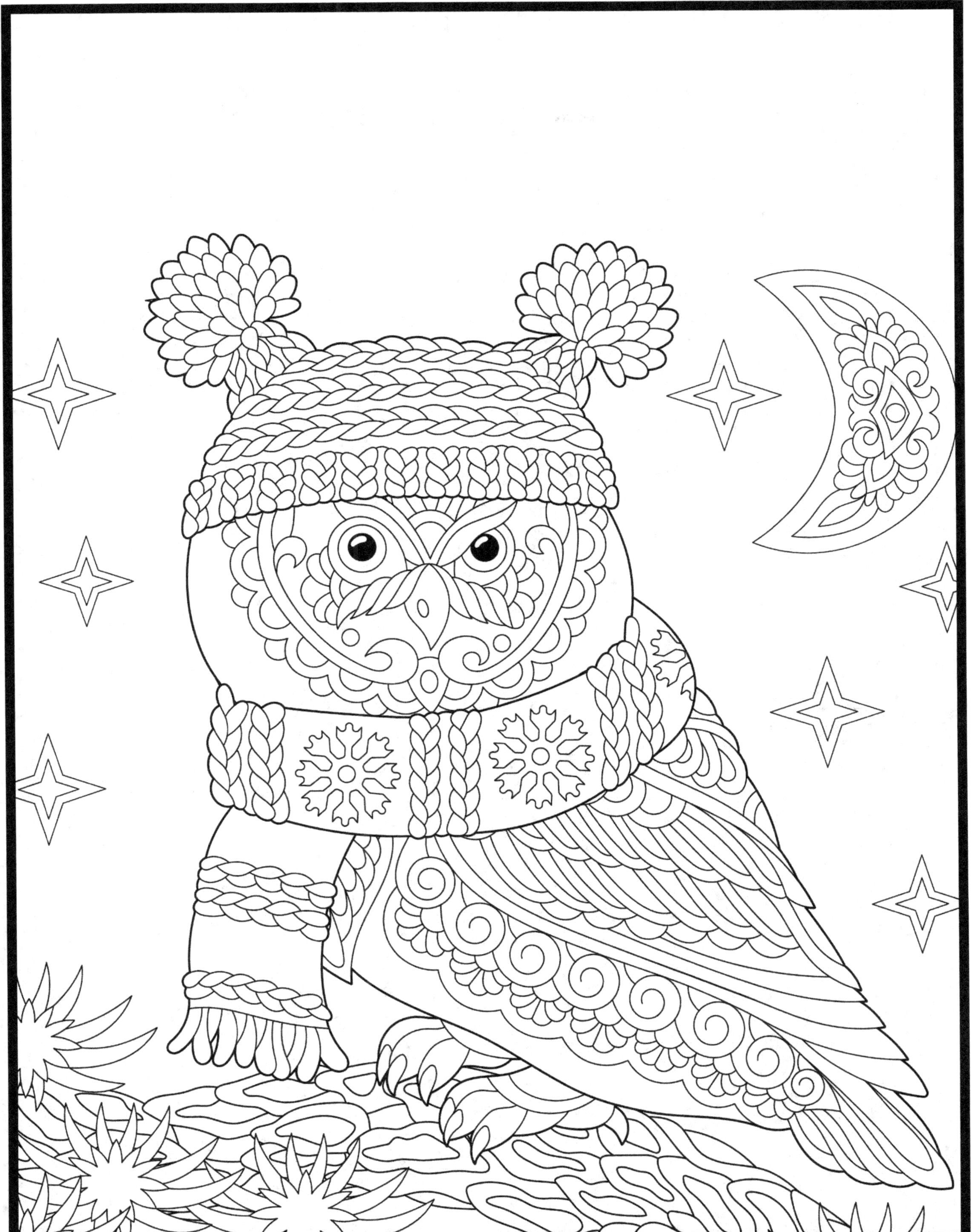

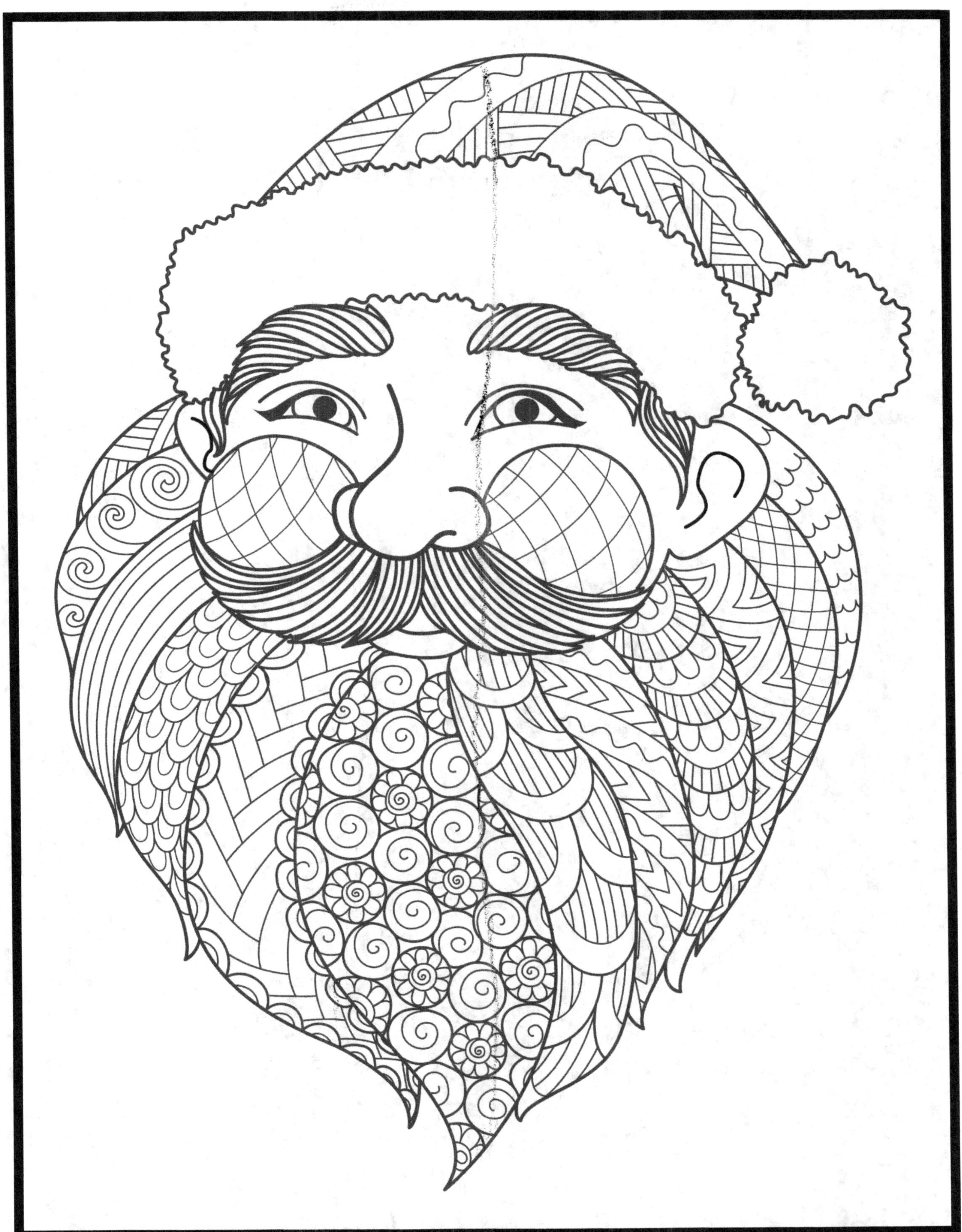

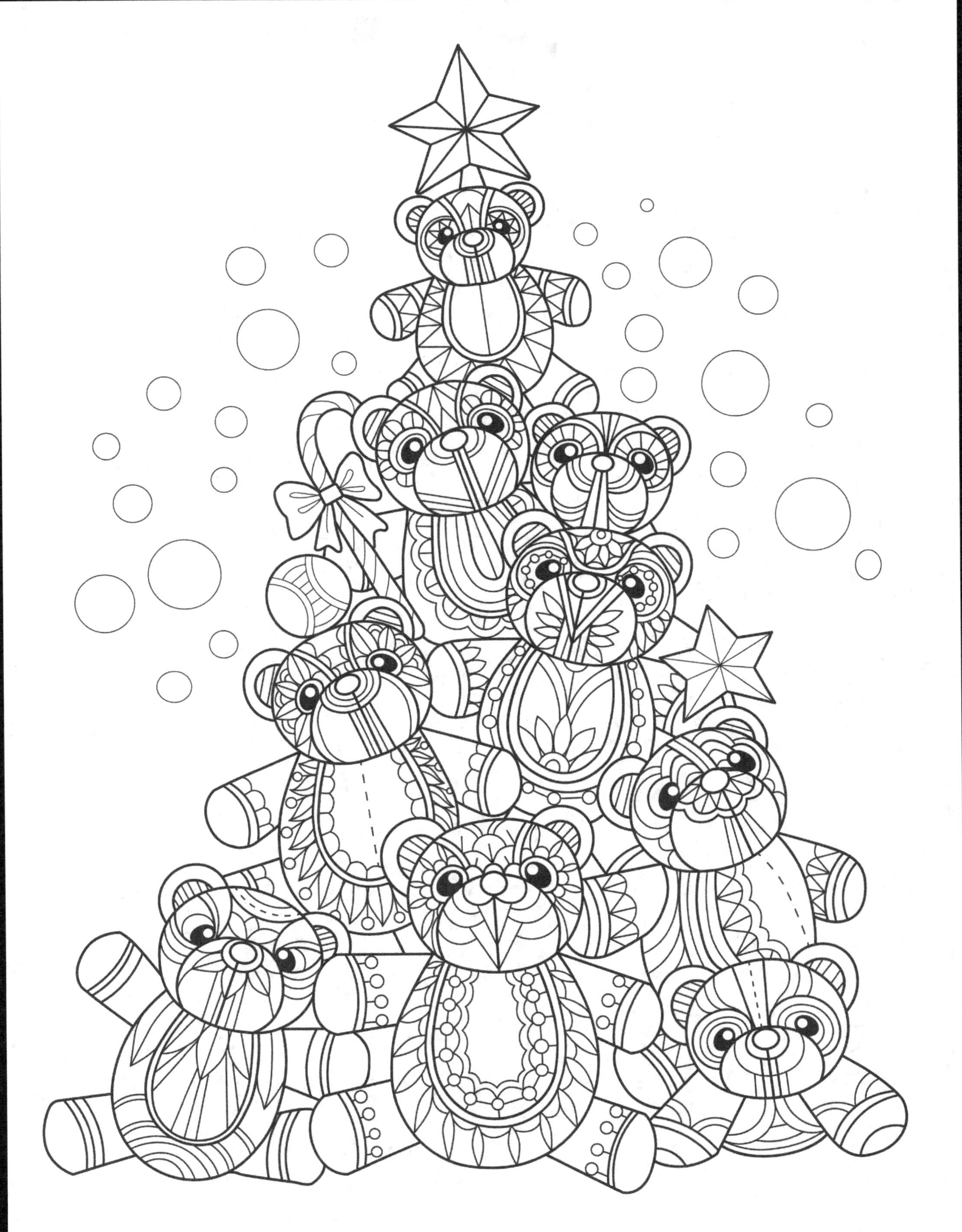

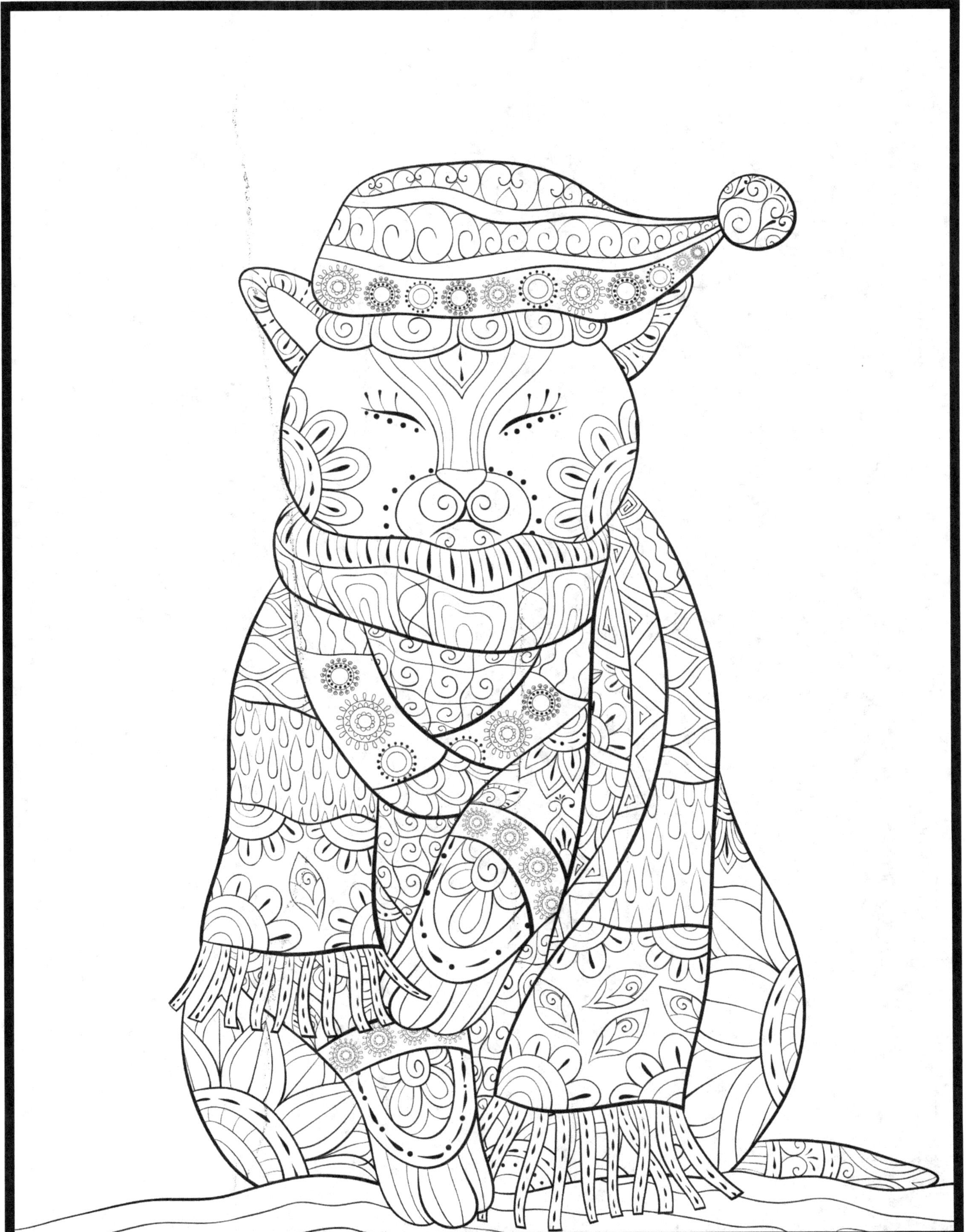

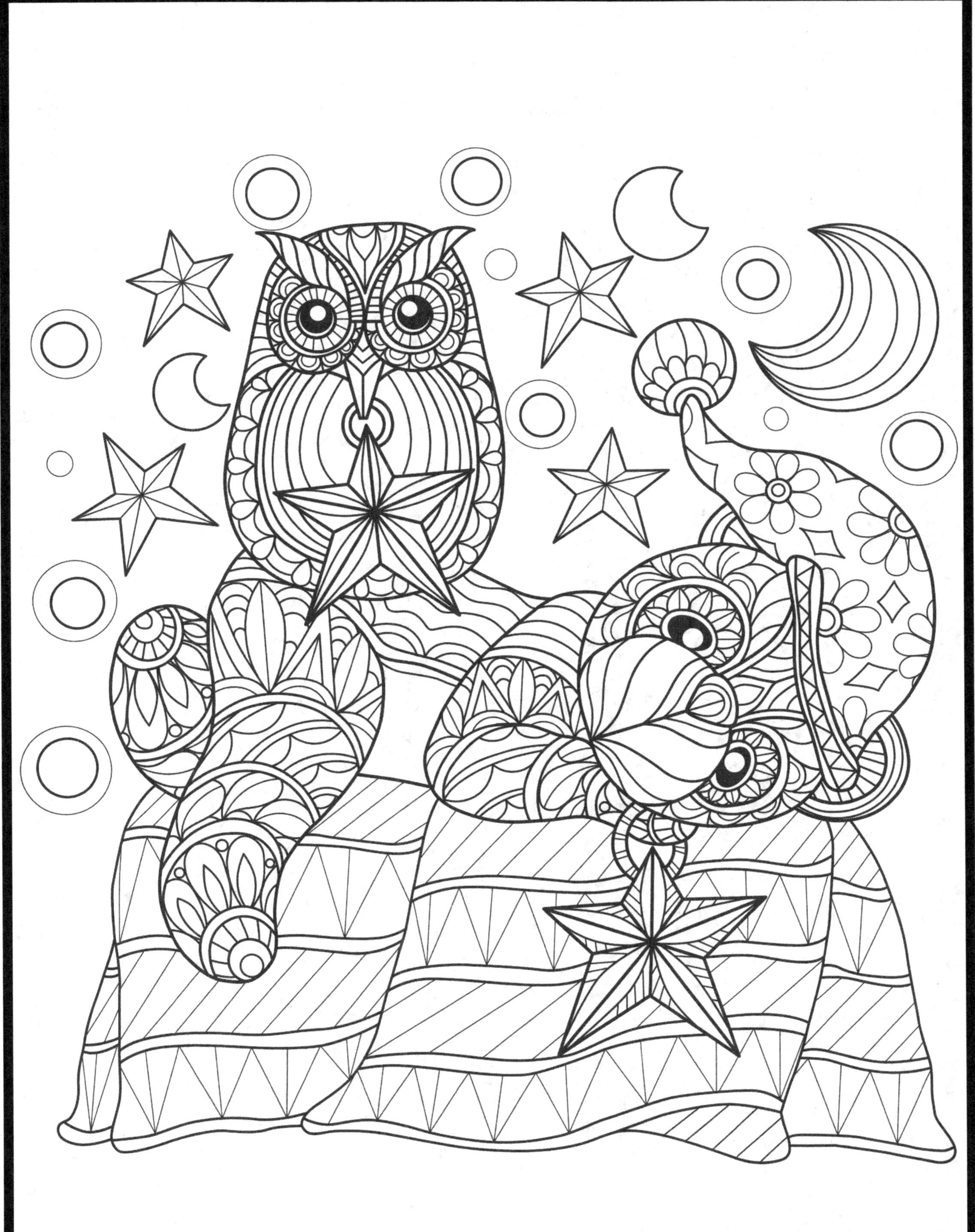

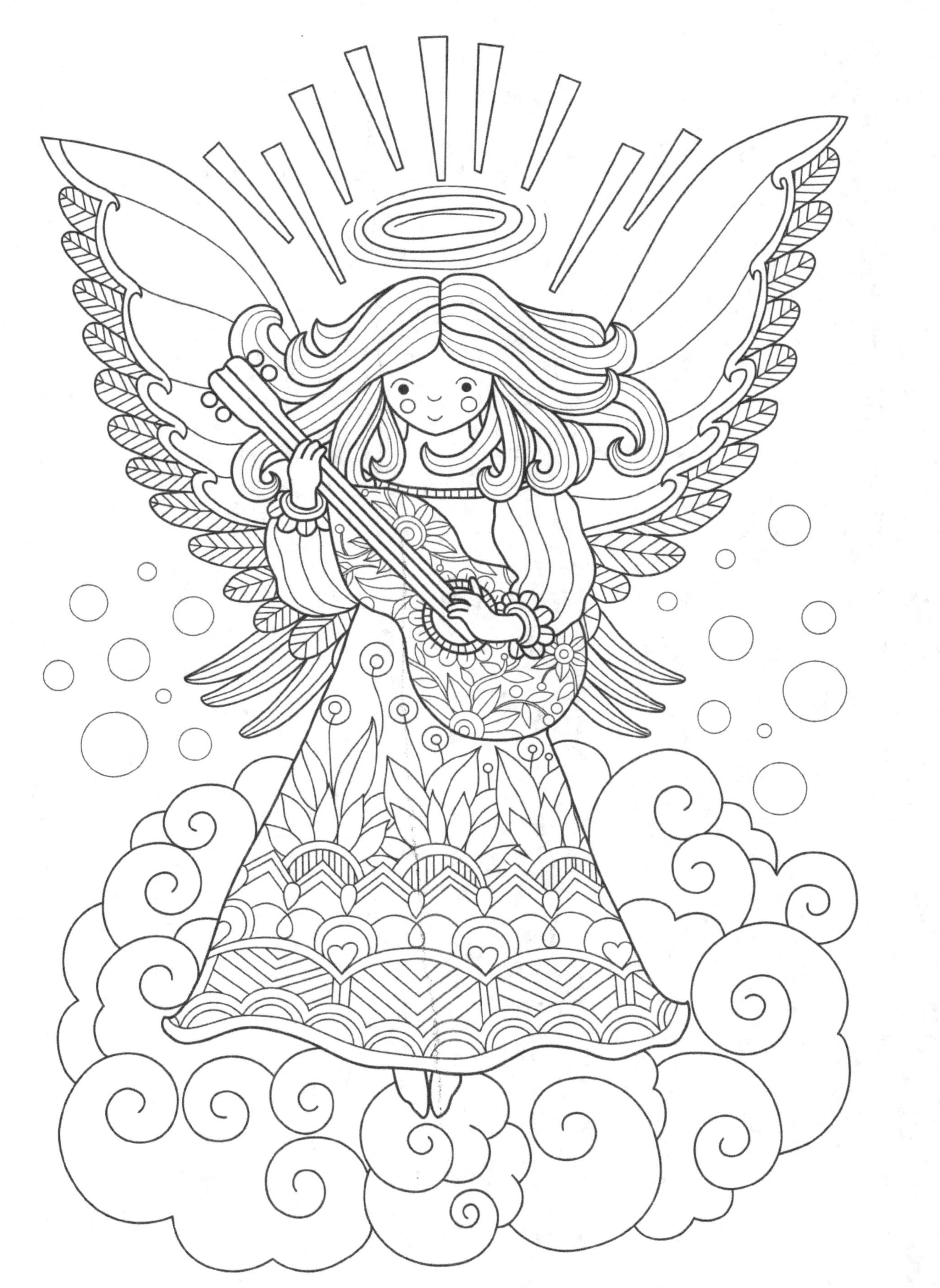

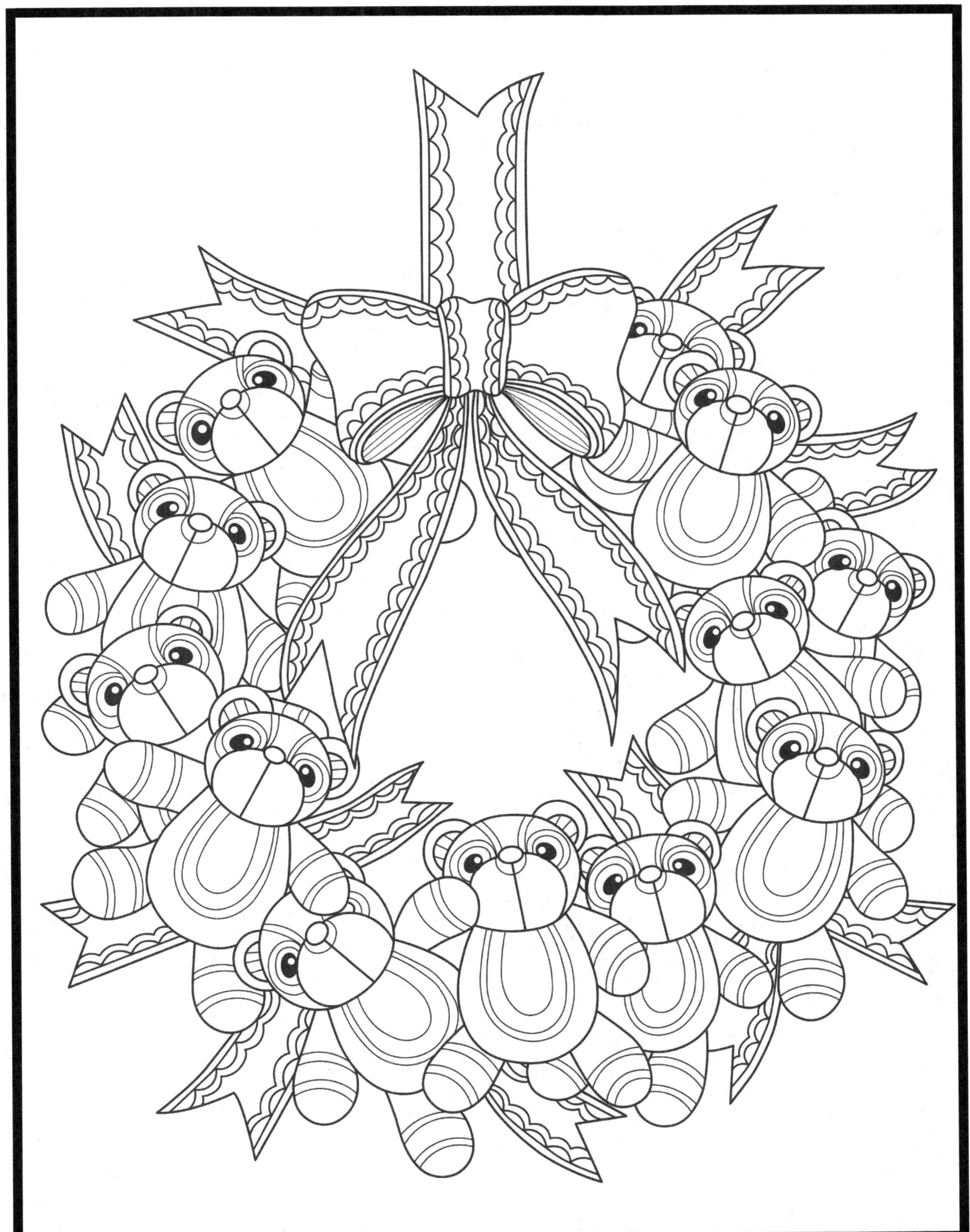

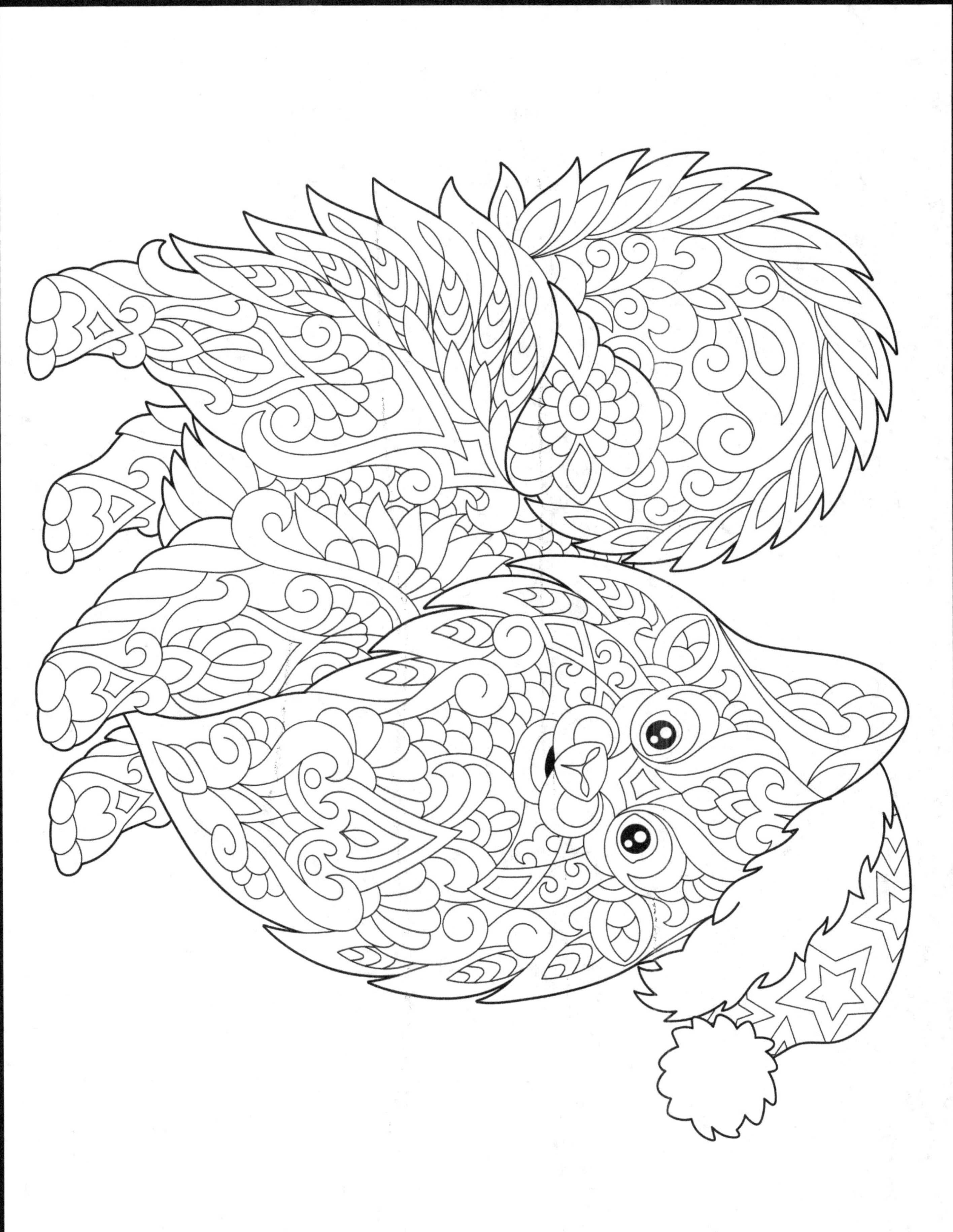

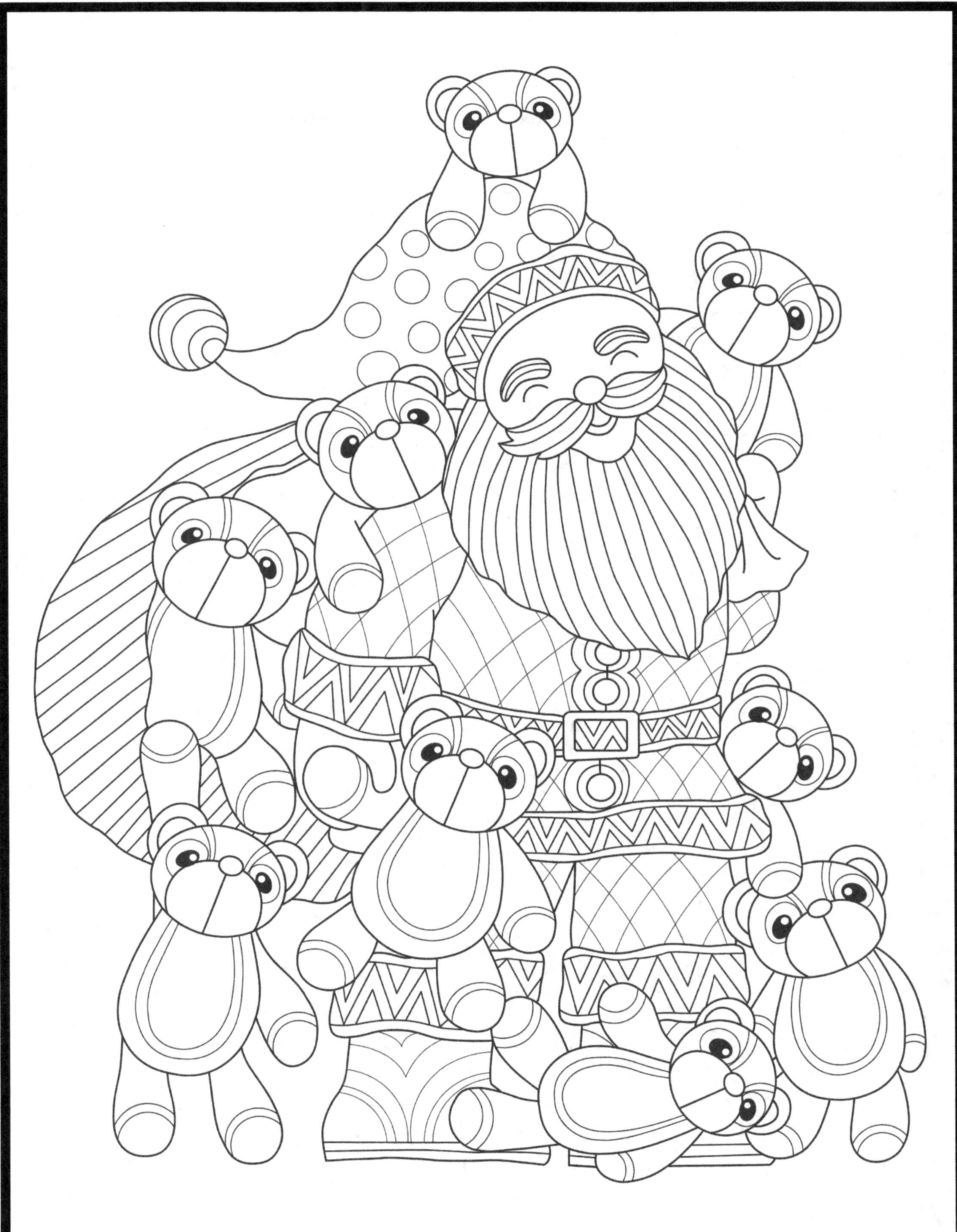

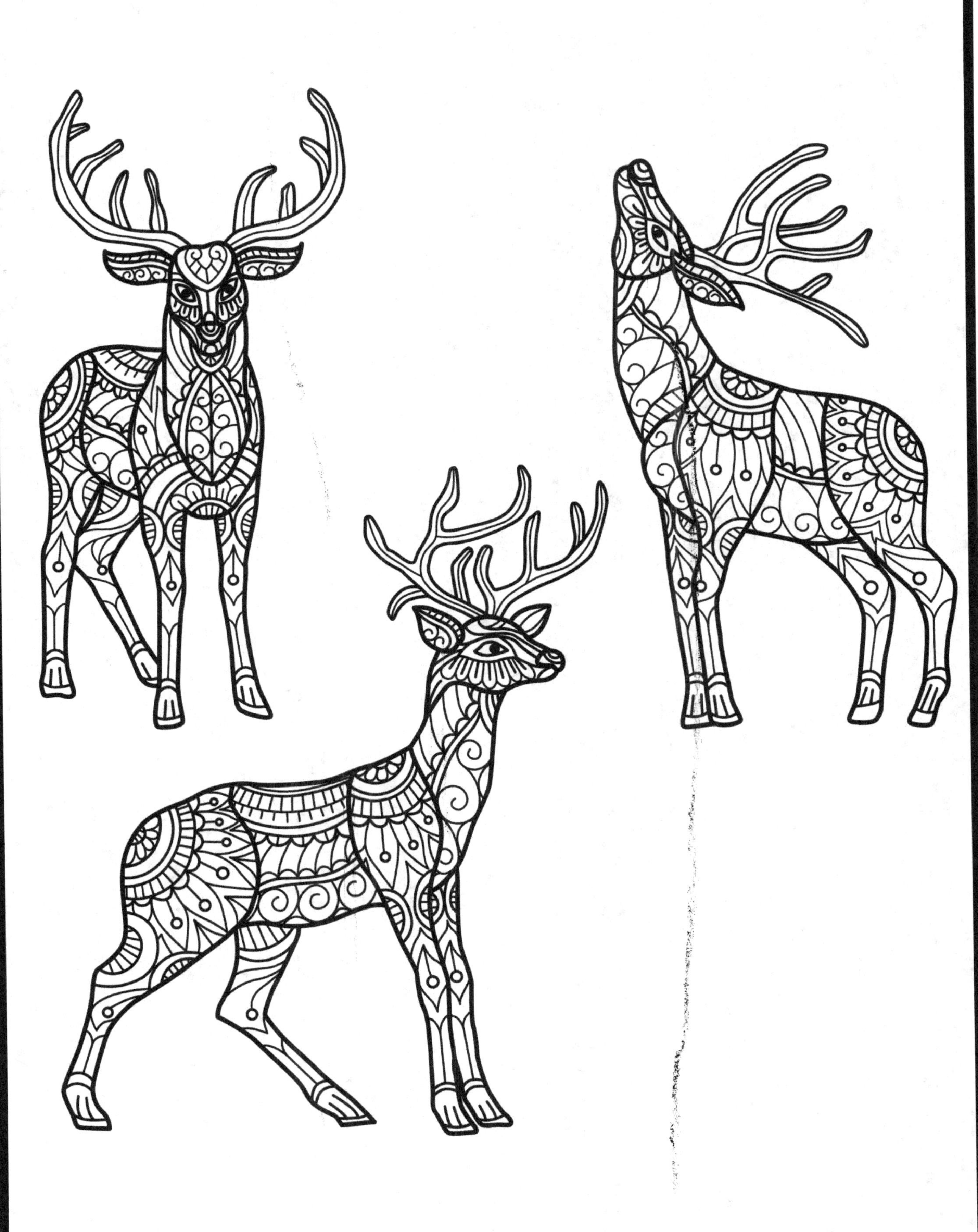

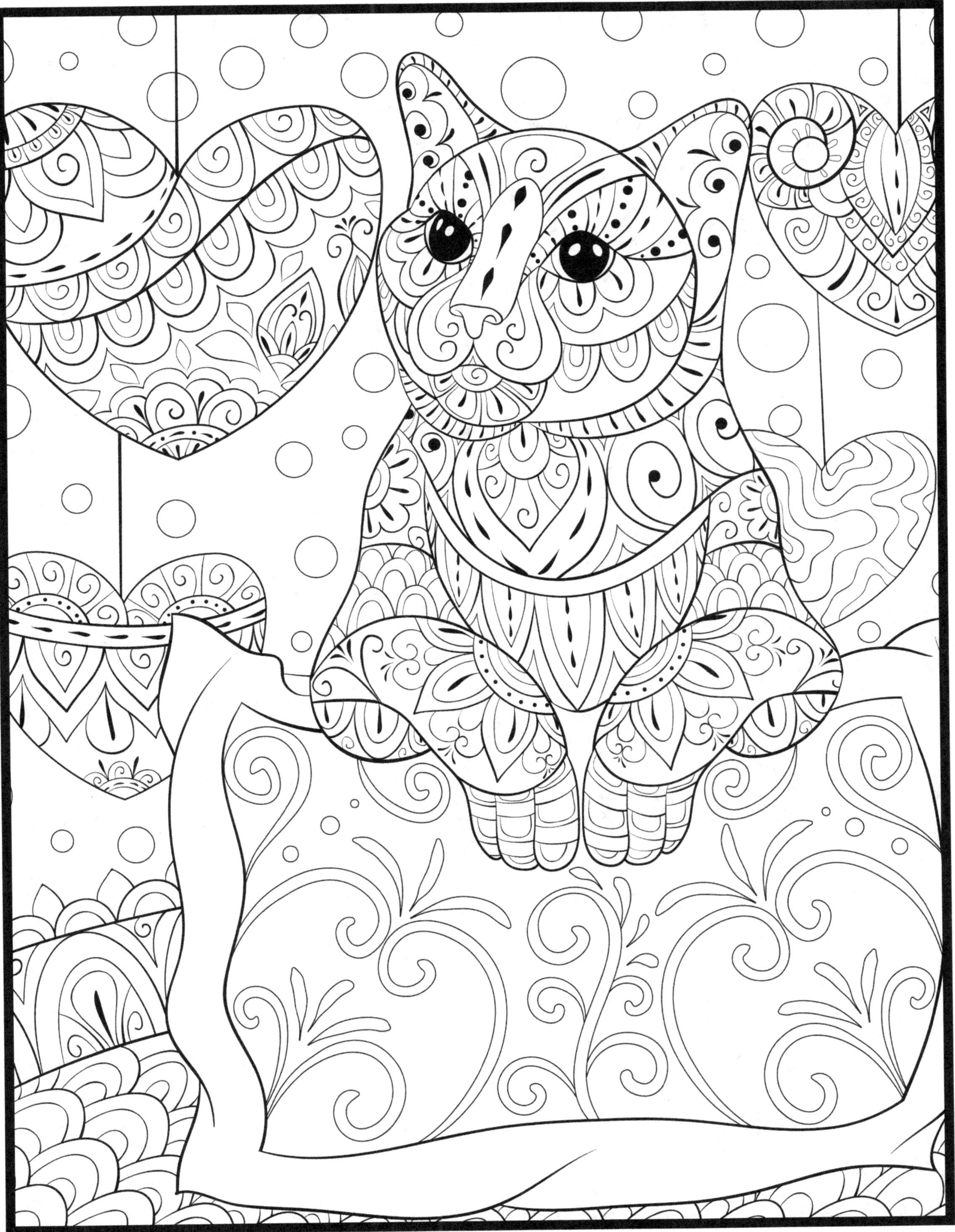

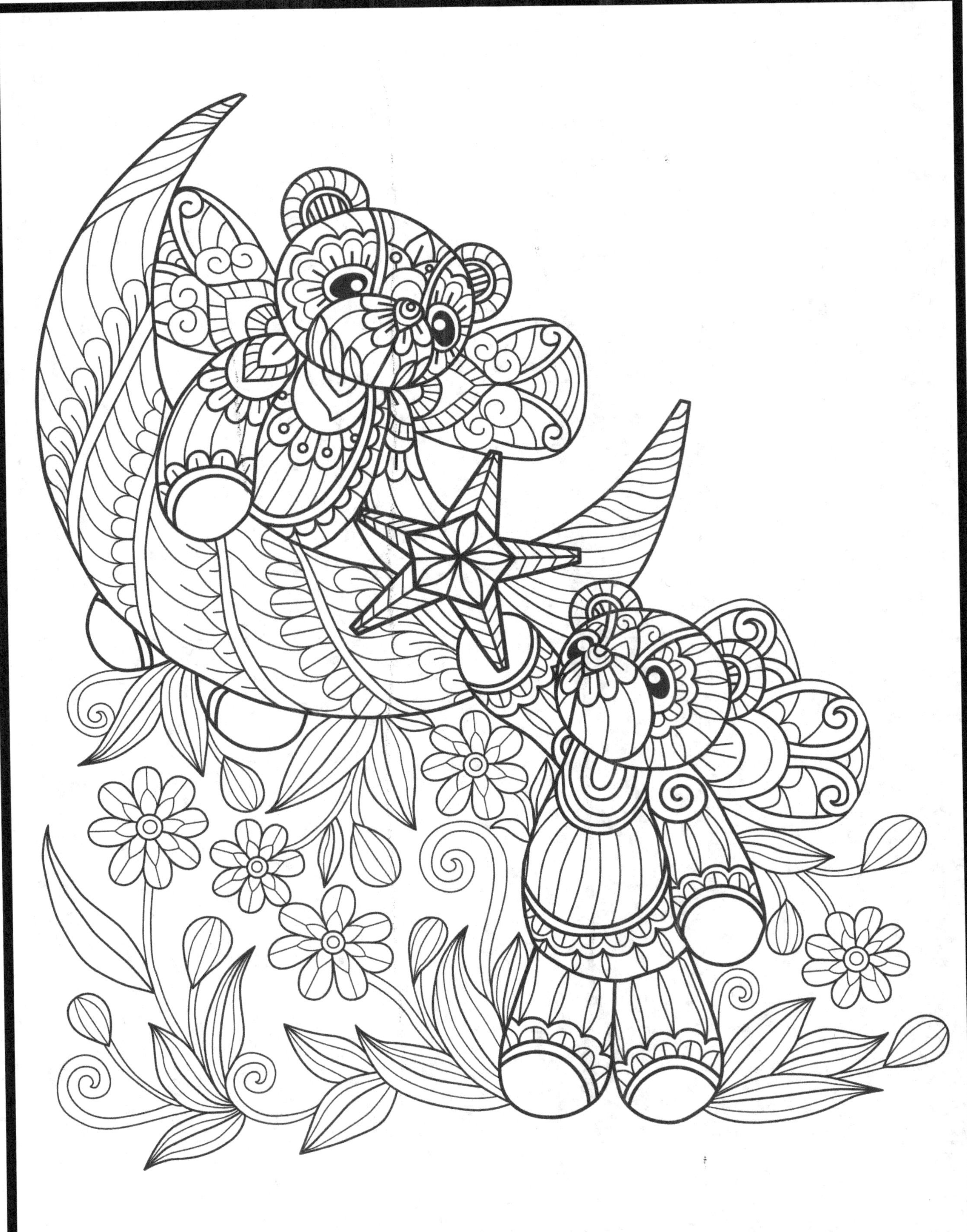

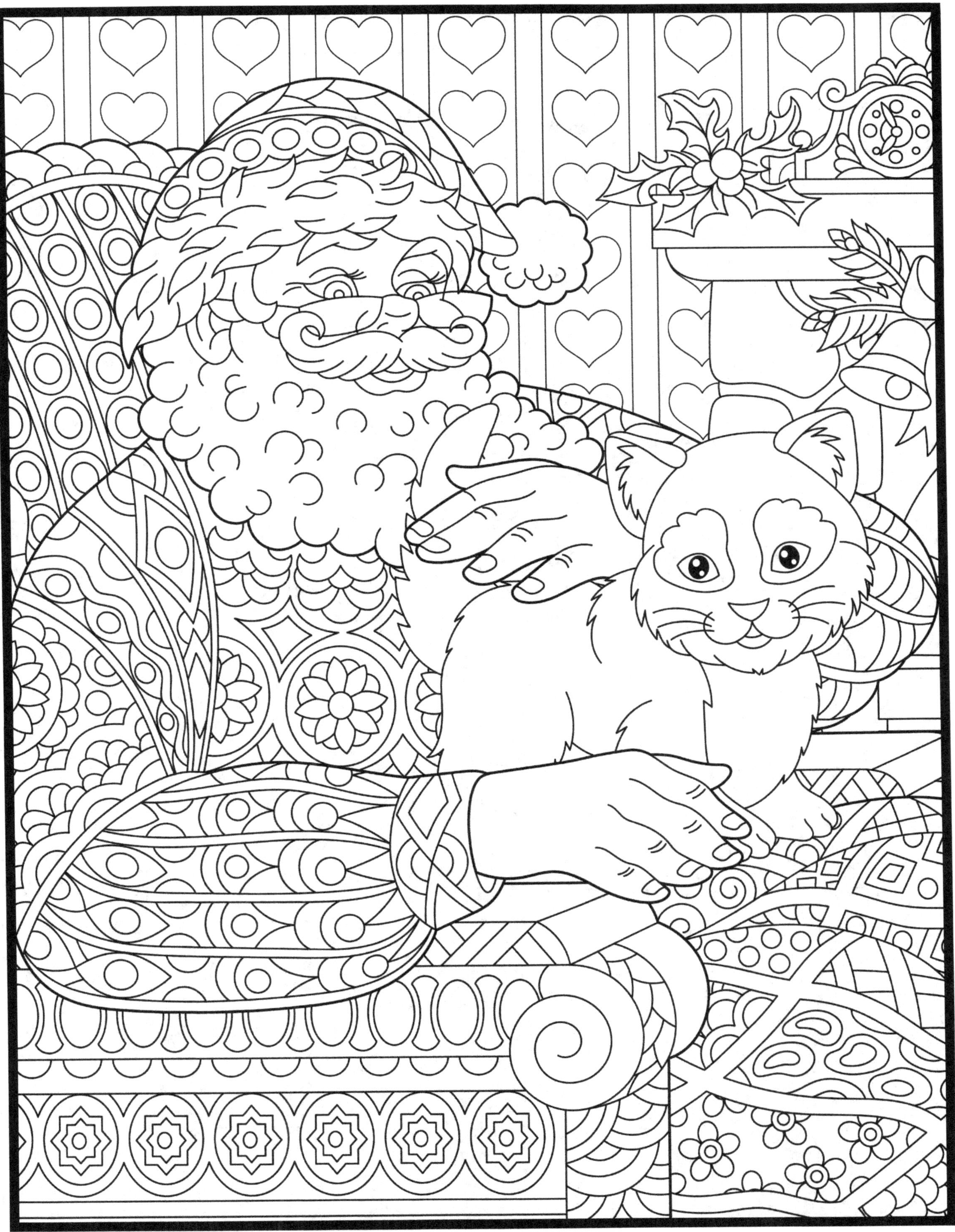

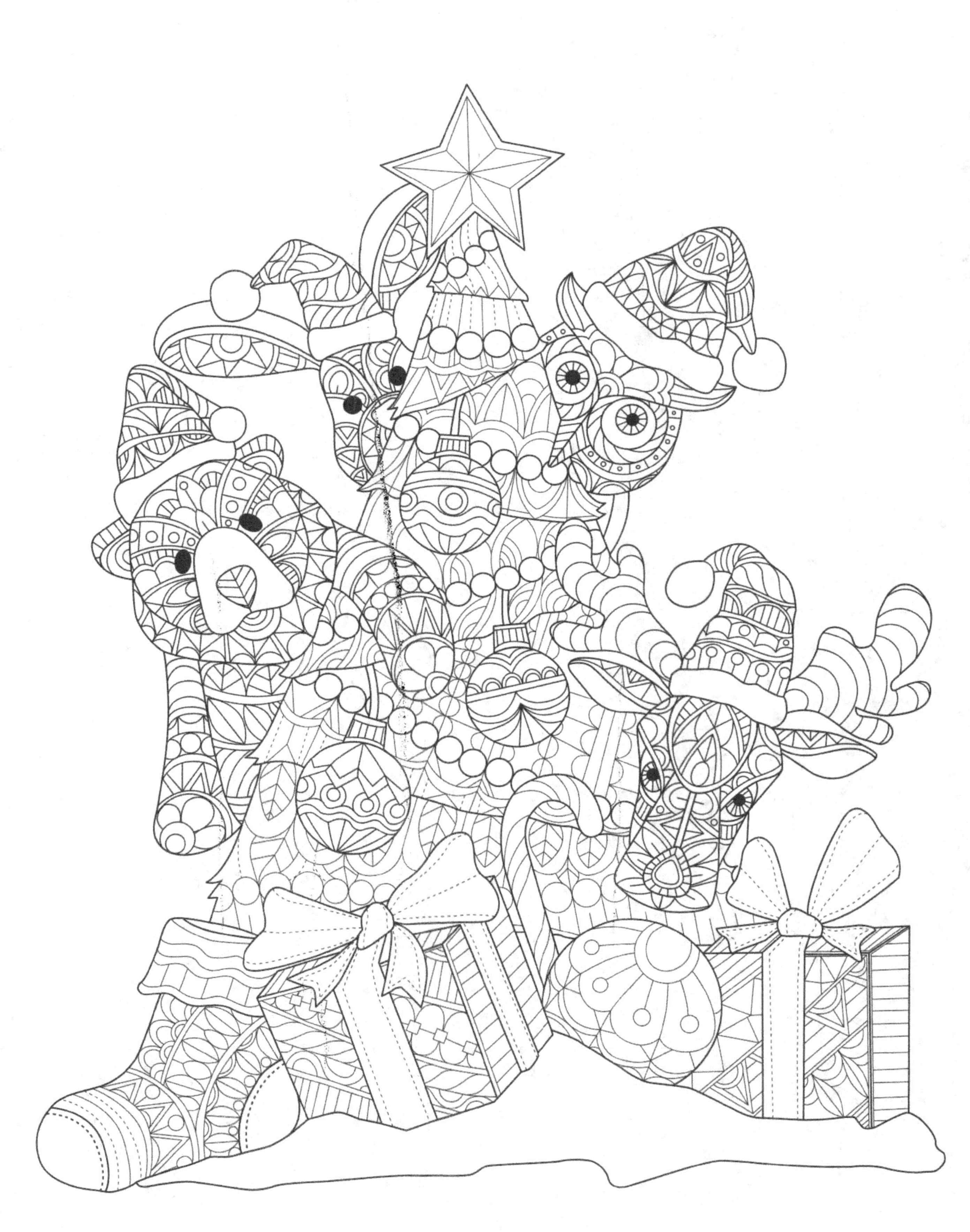

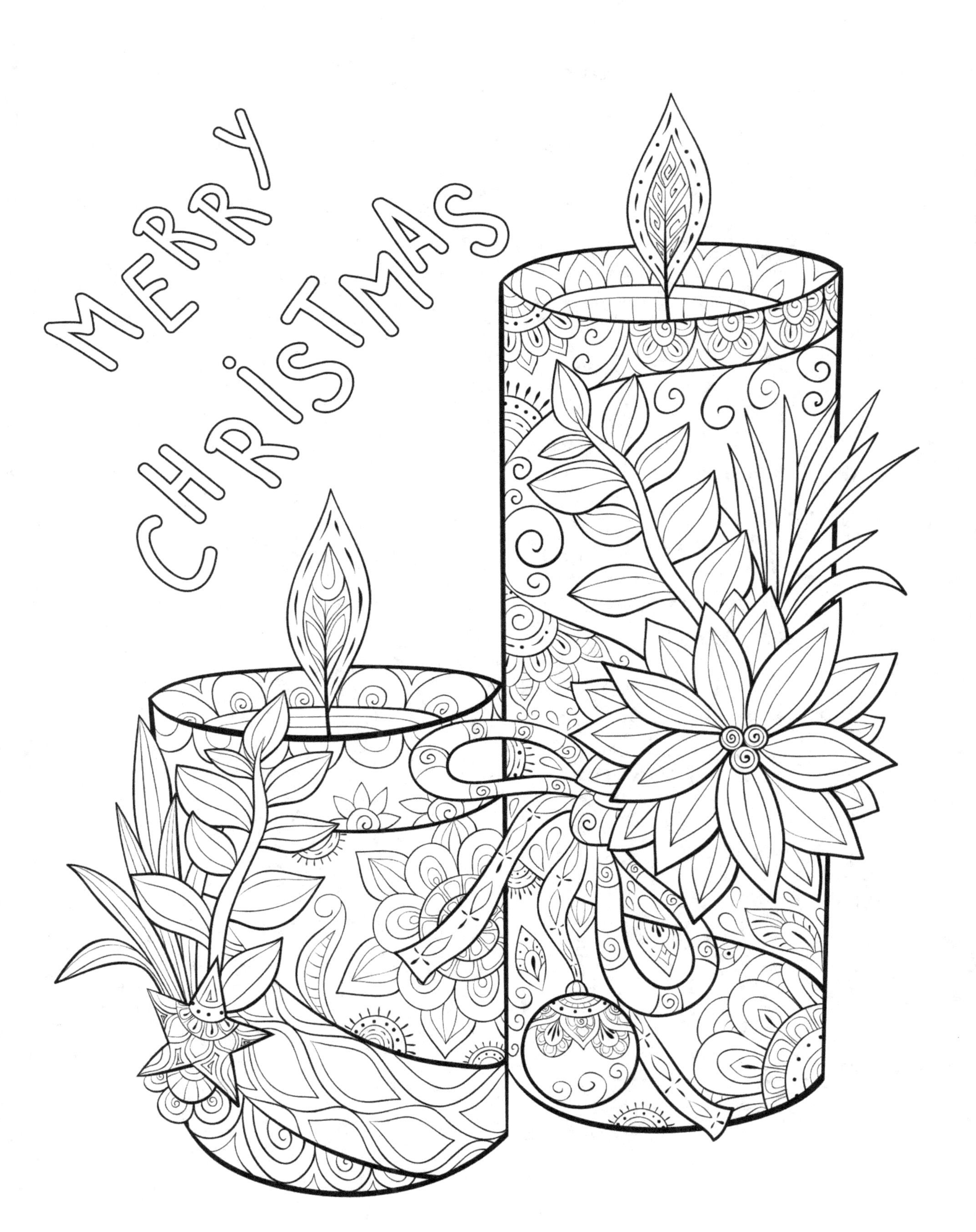

MERRY
CHRISTMAS

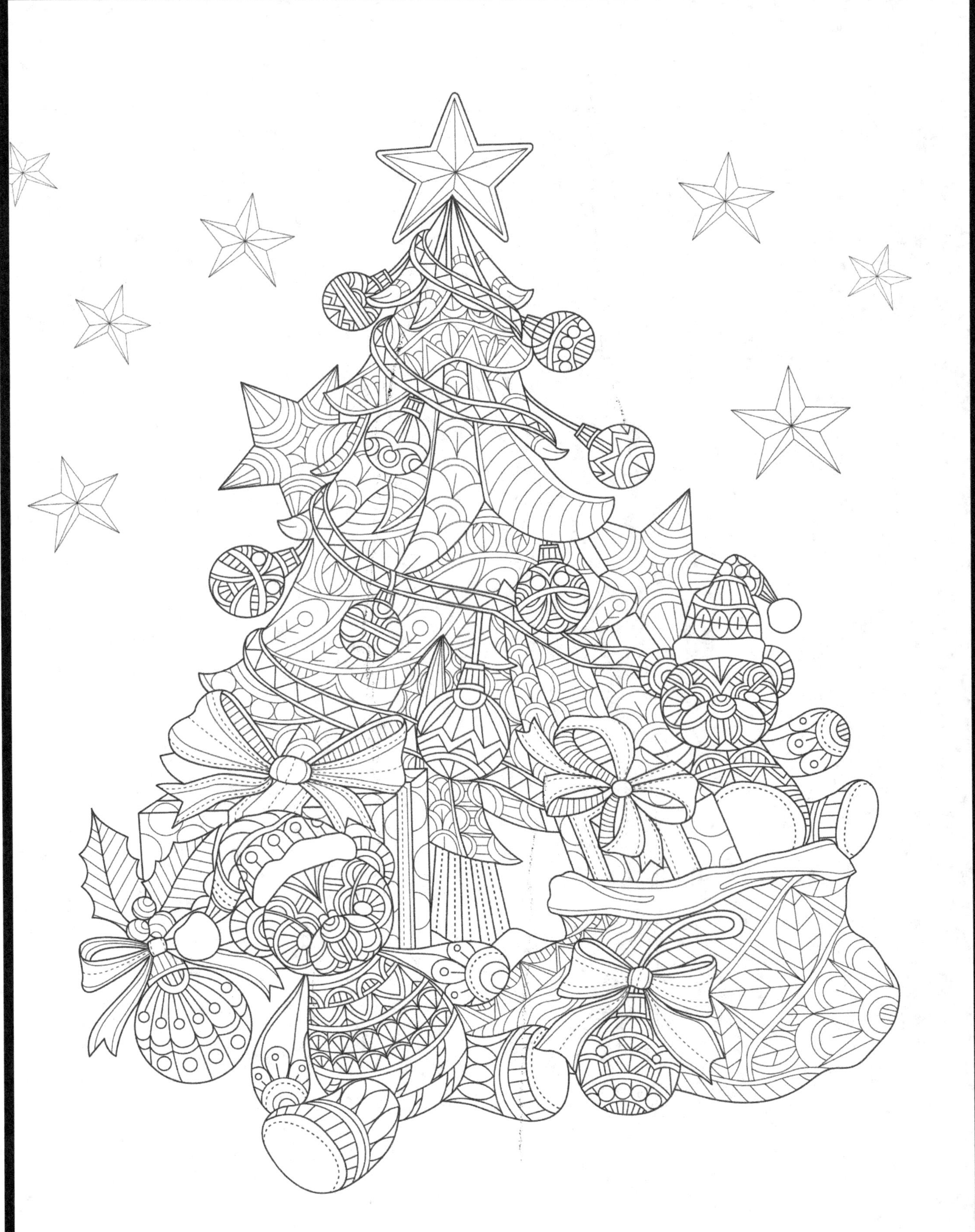

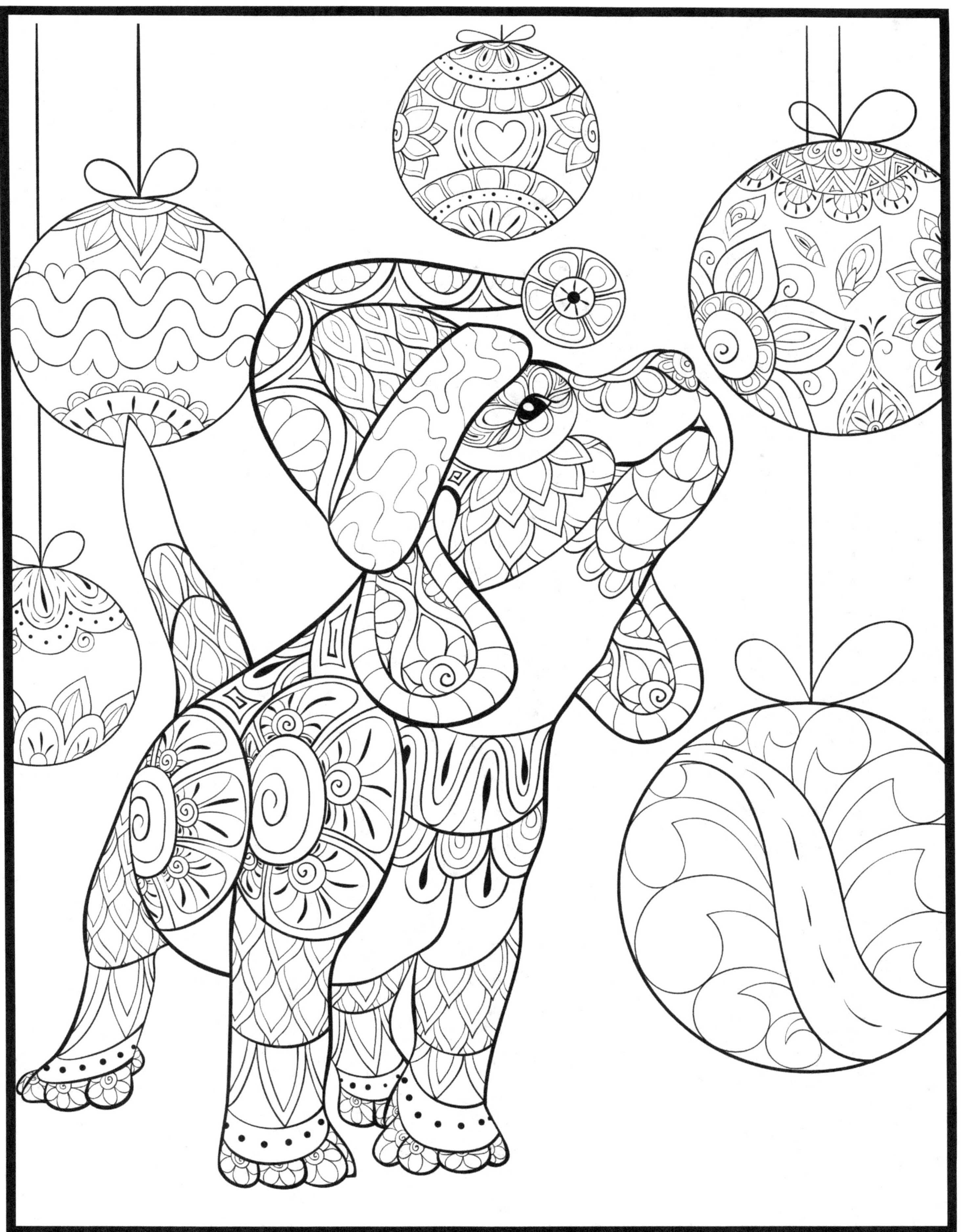

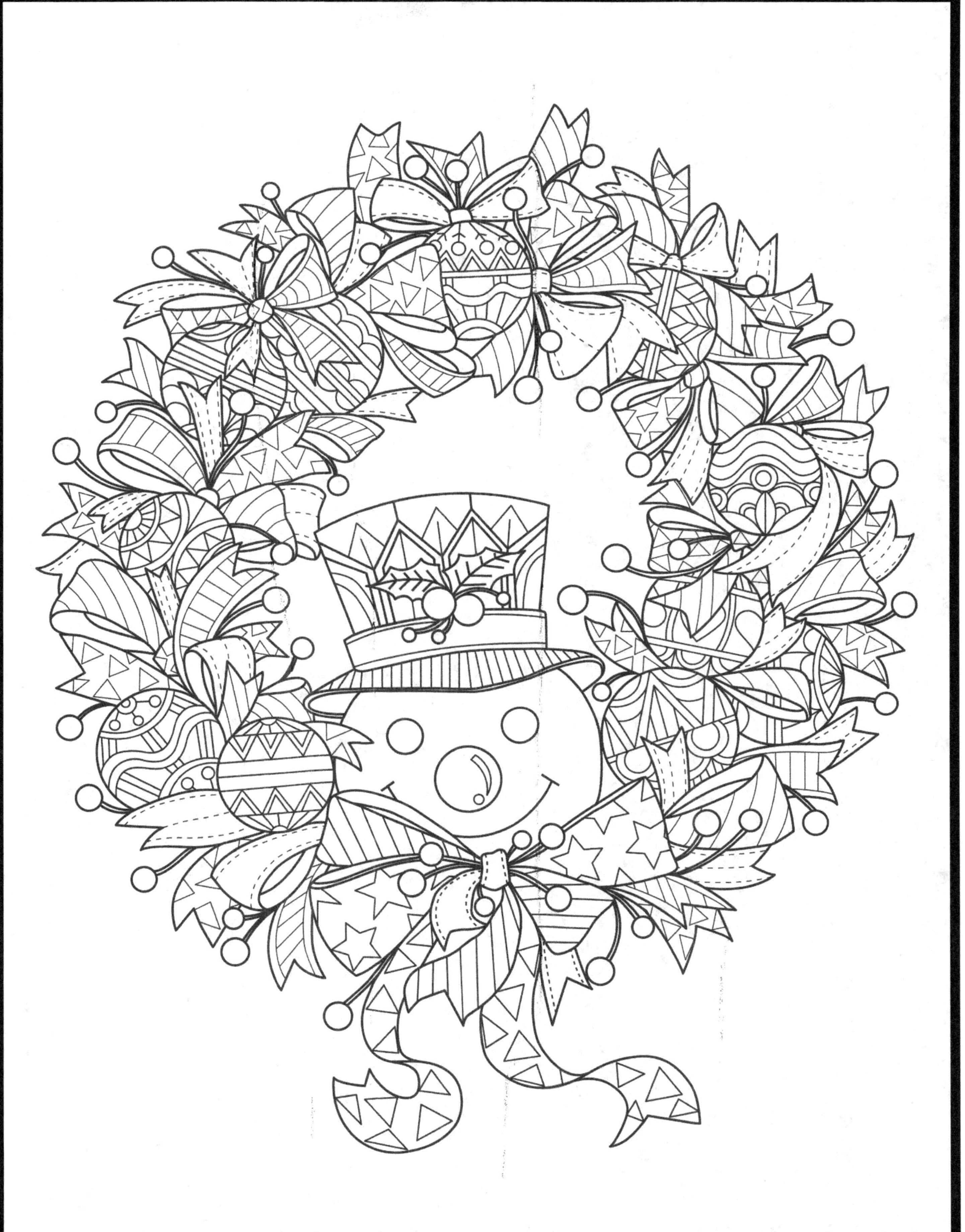

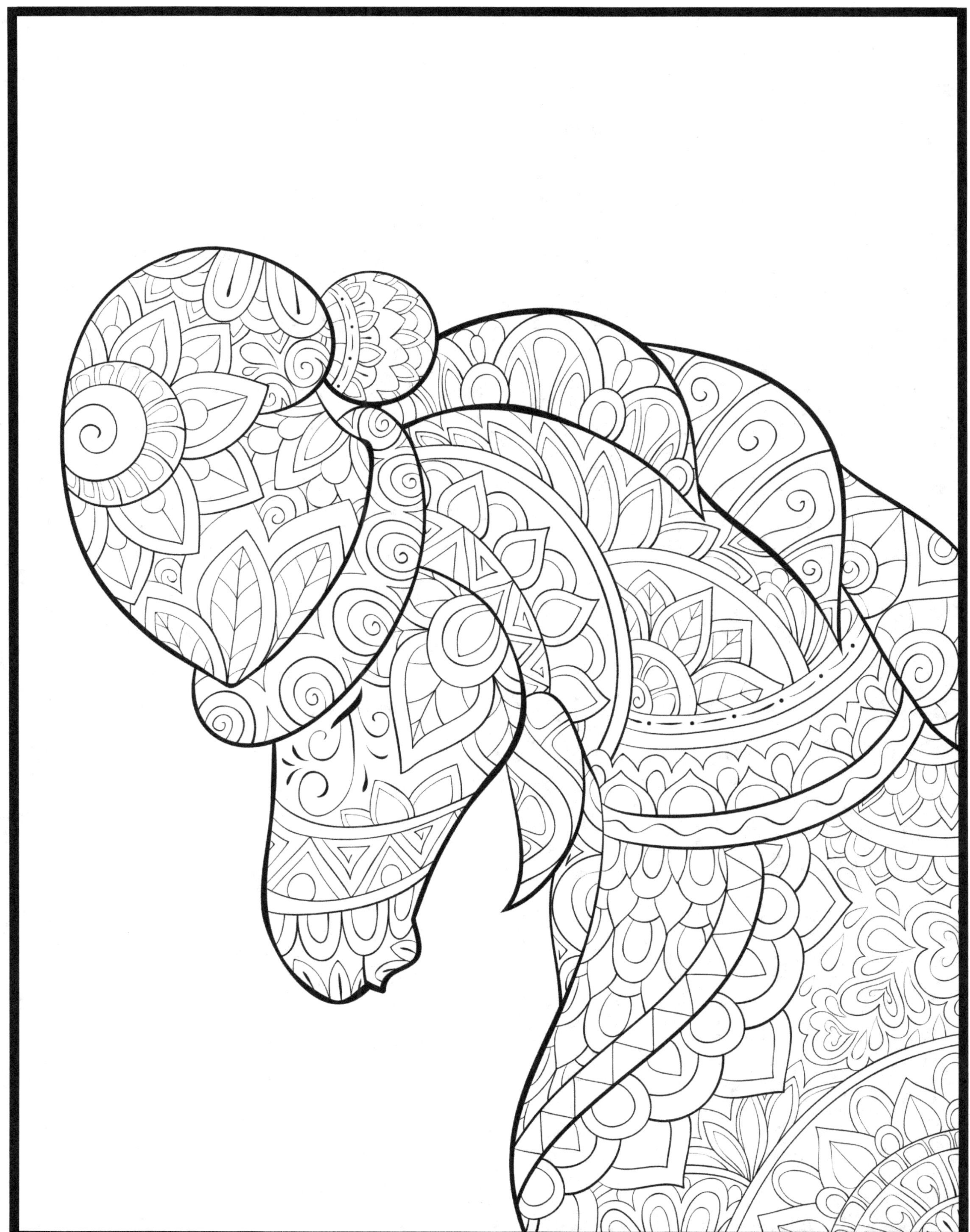

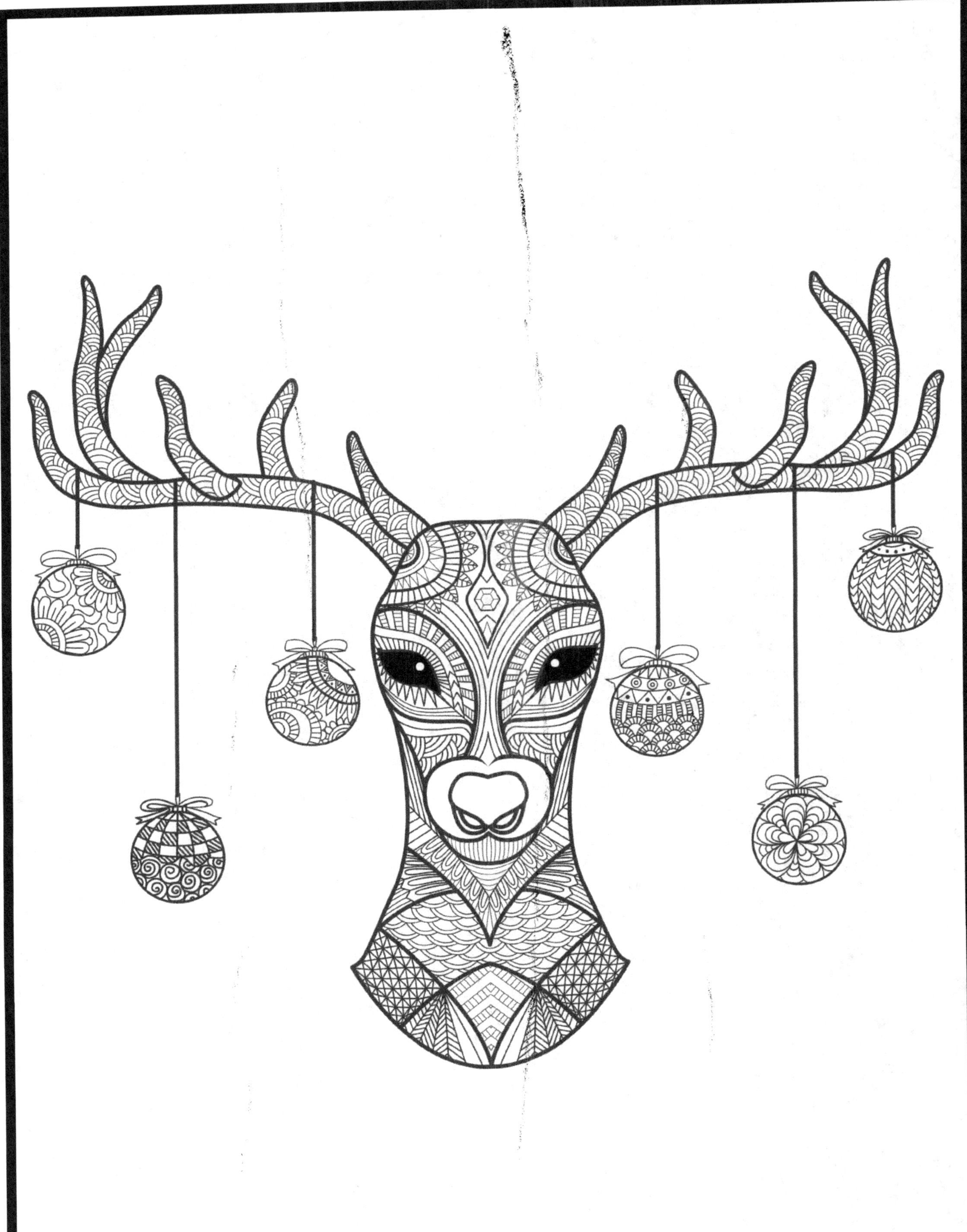

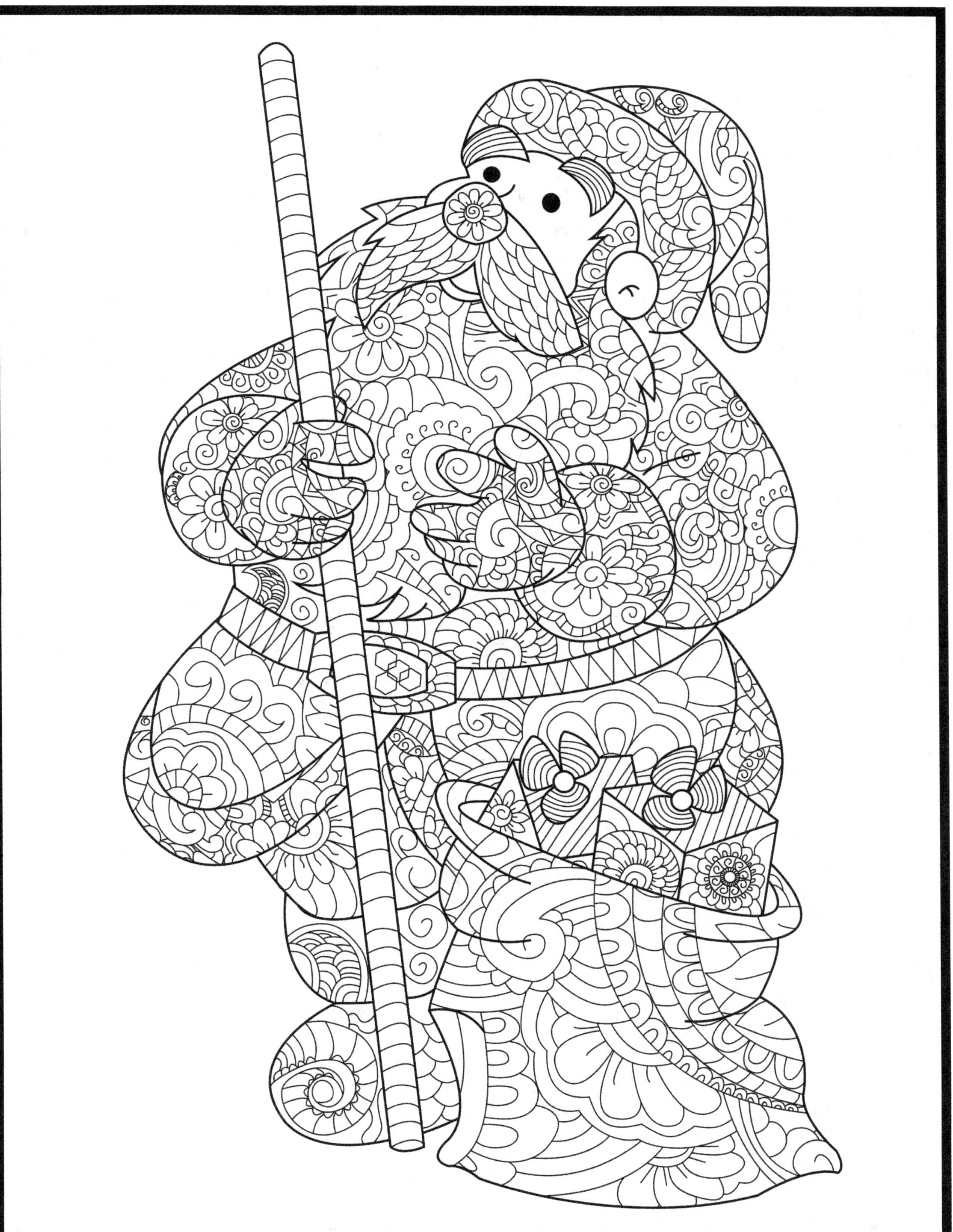

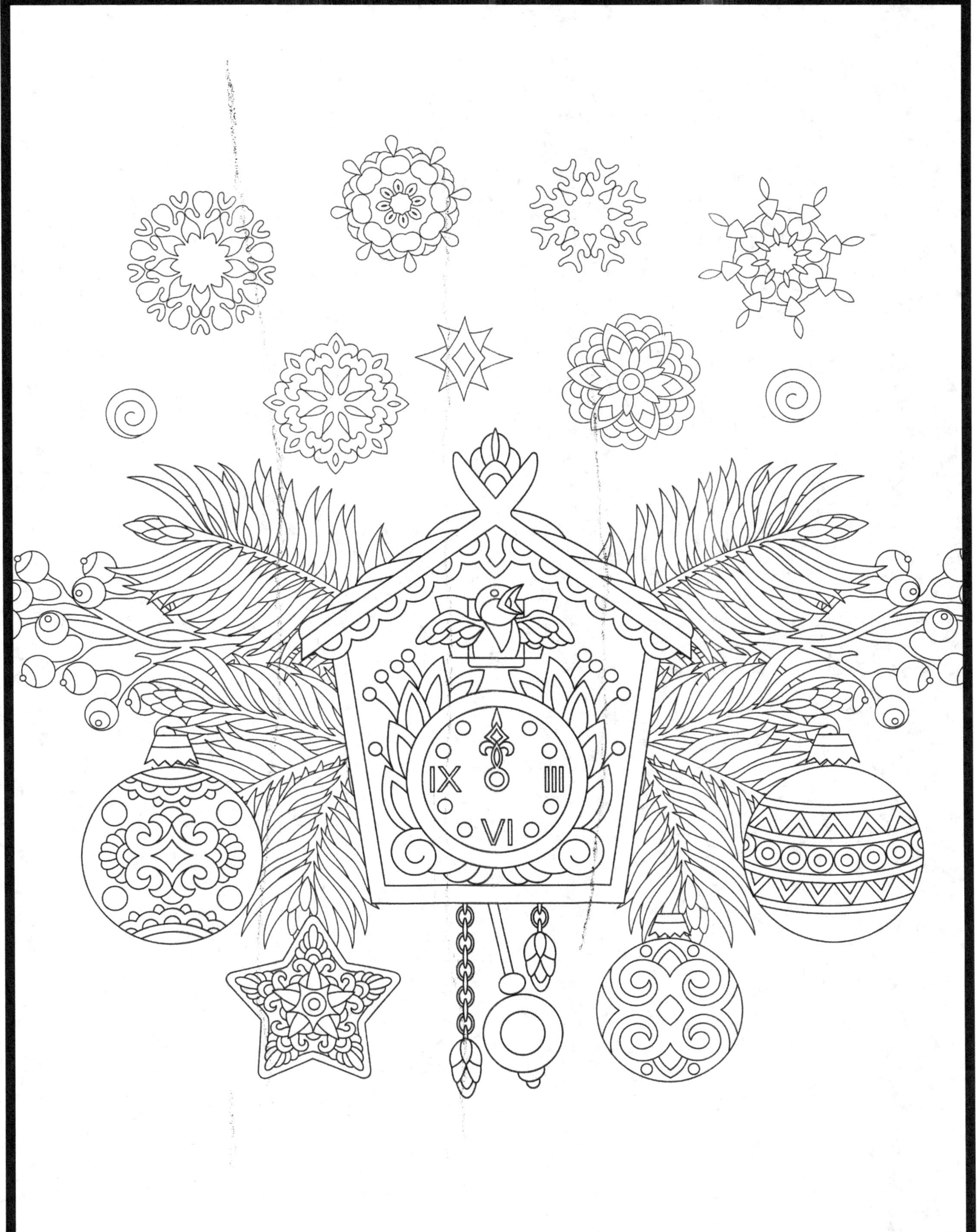

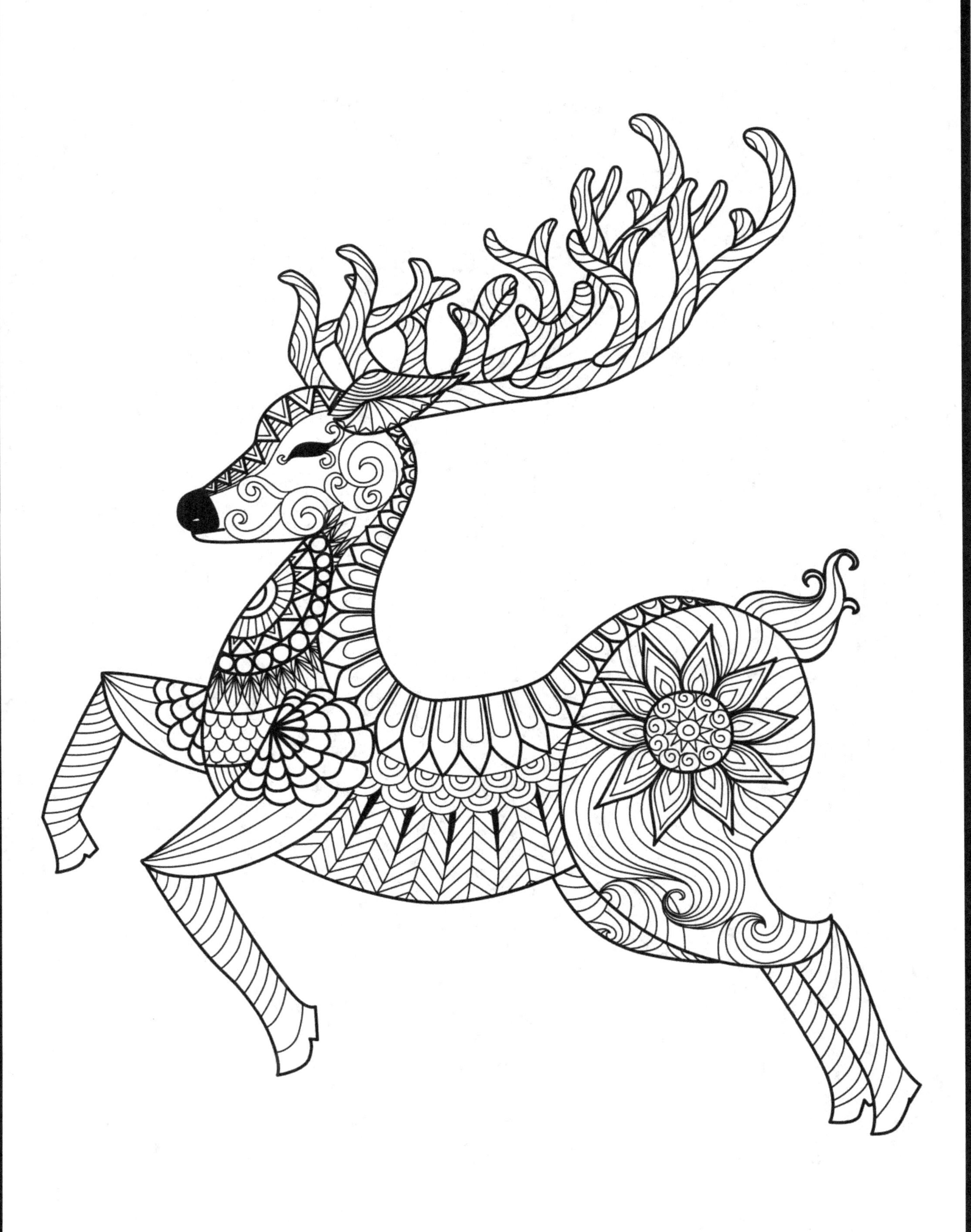

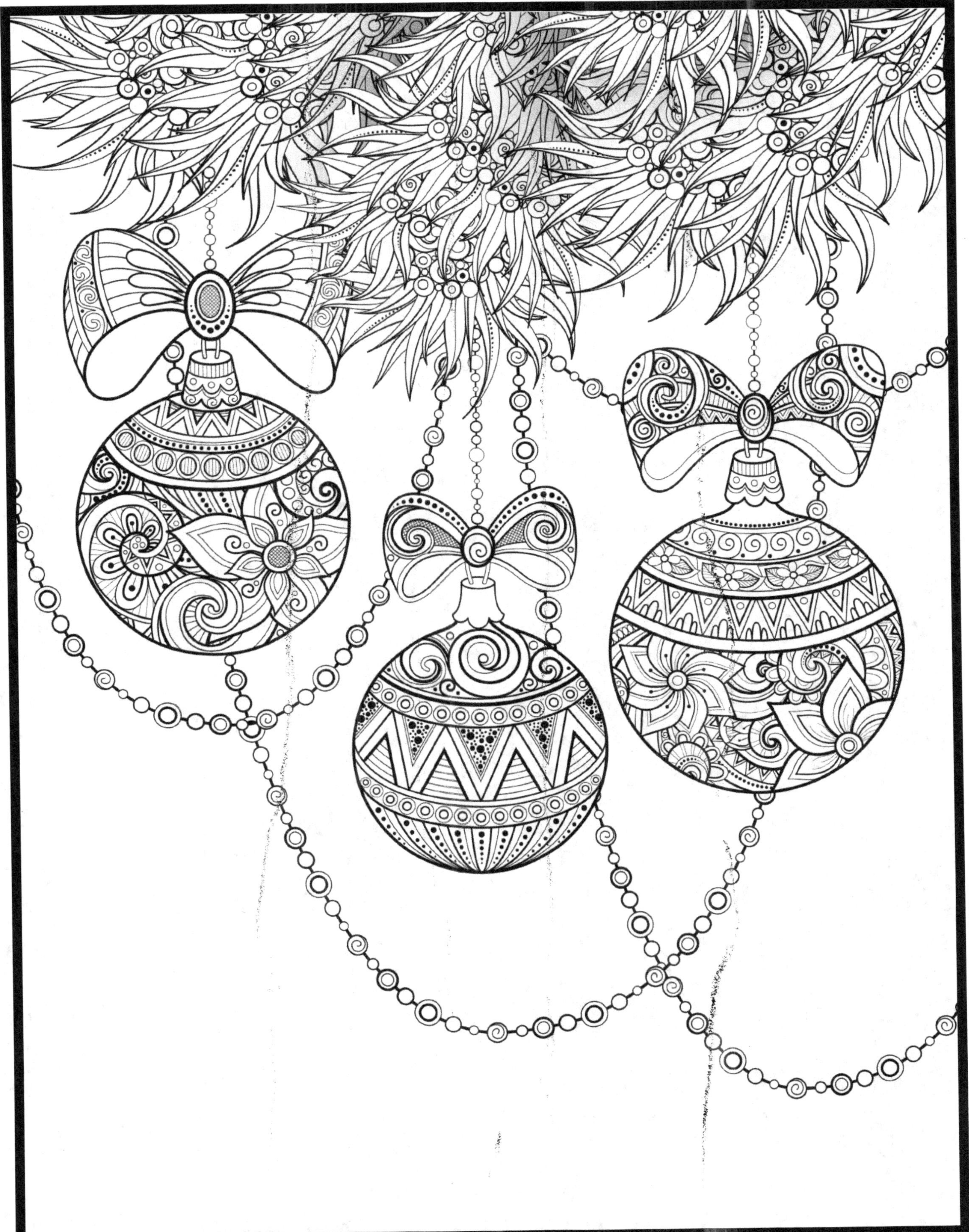

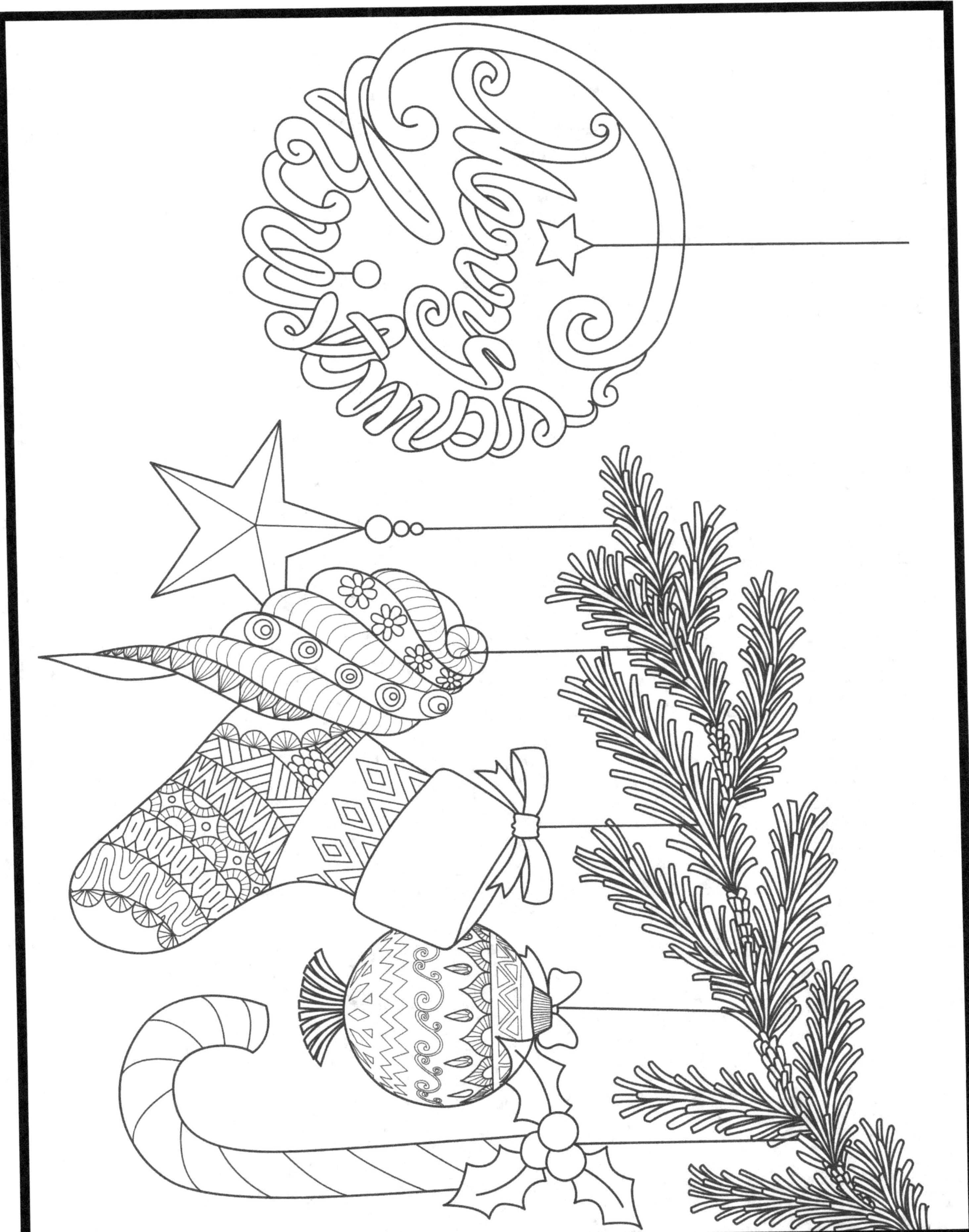
Merry
Christmas

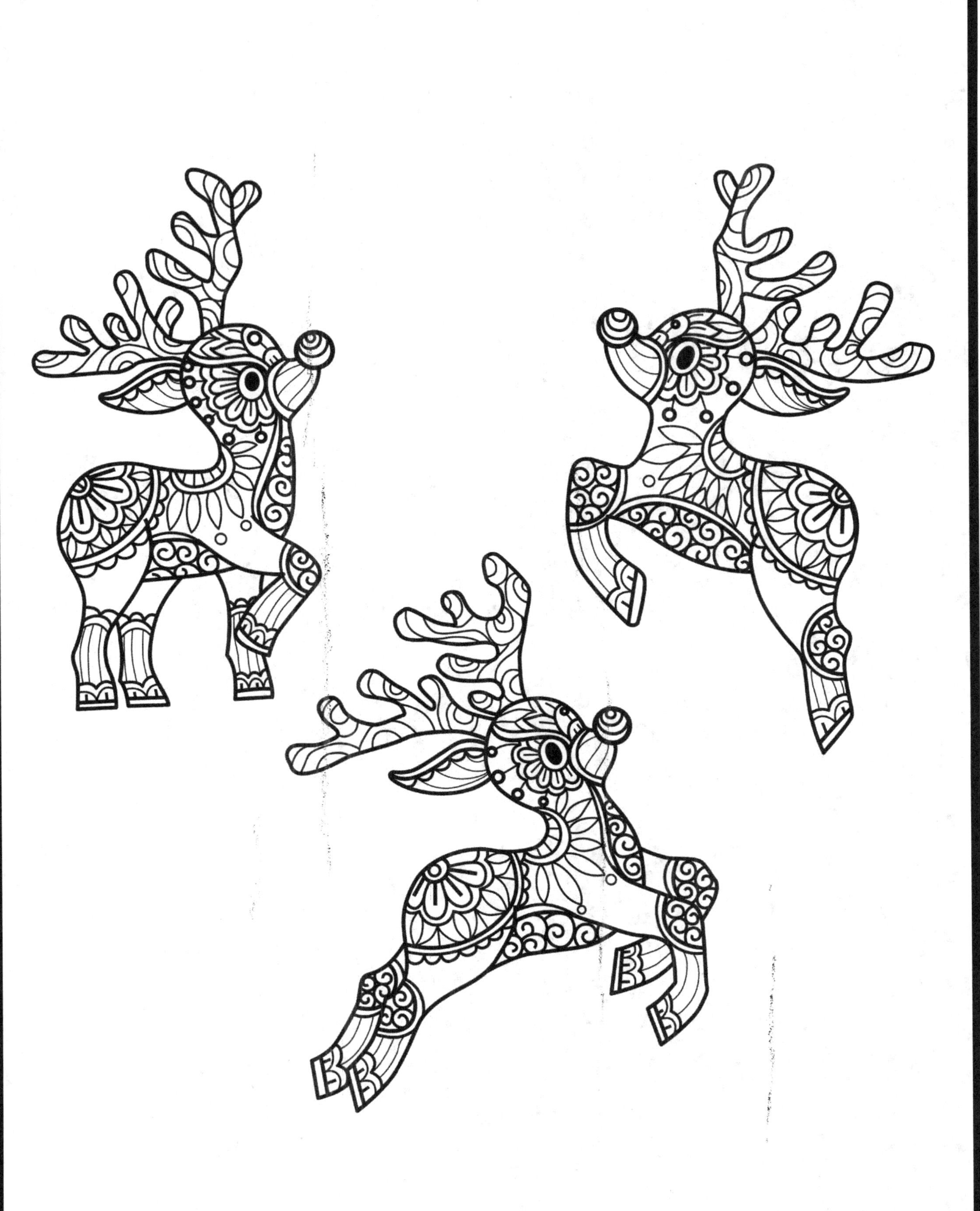

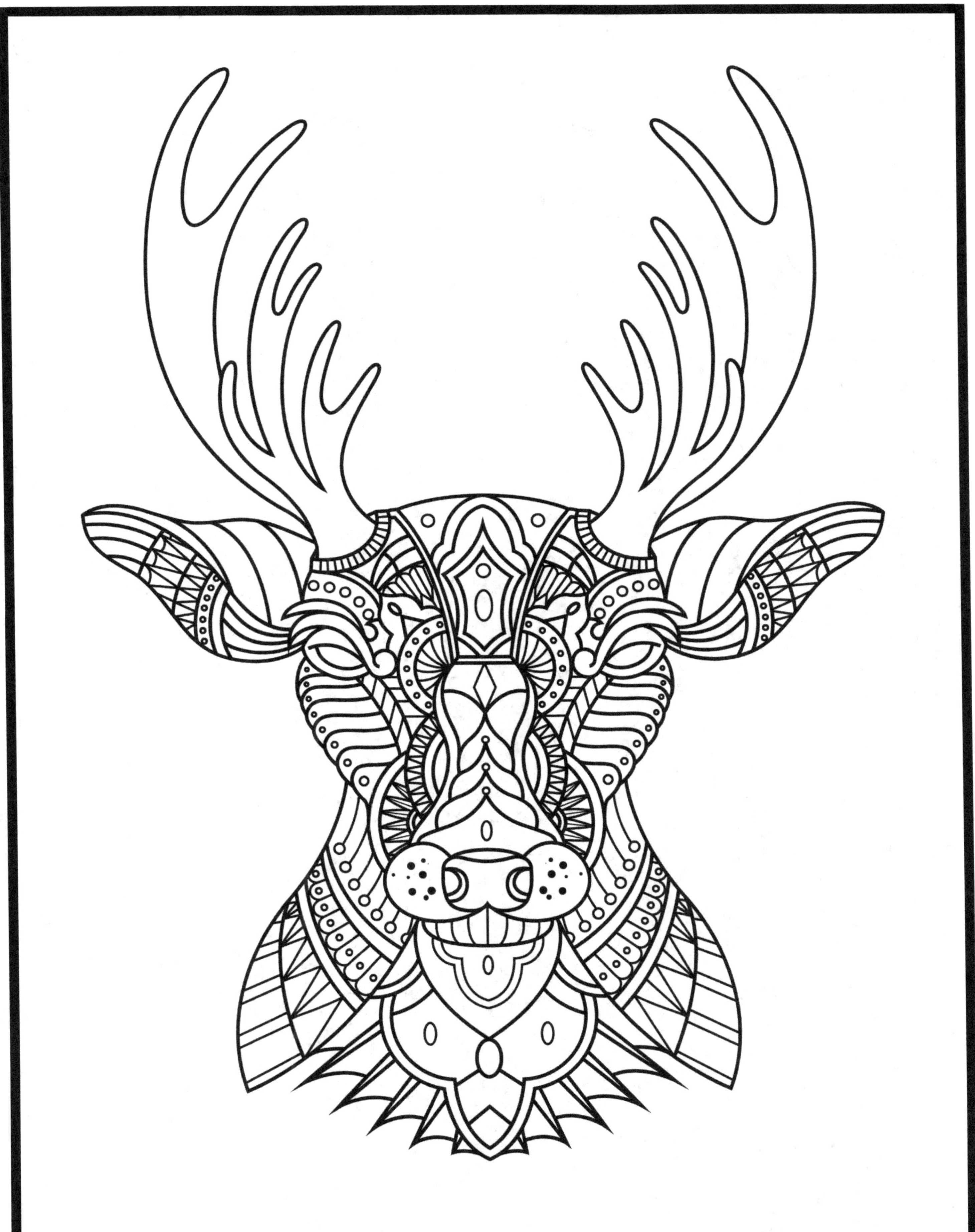

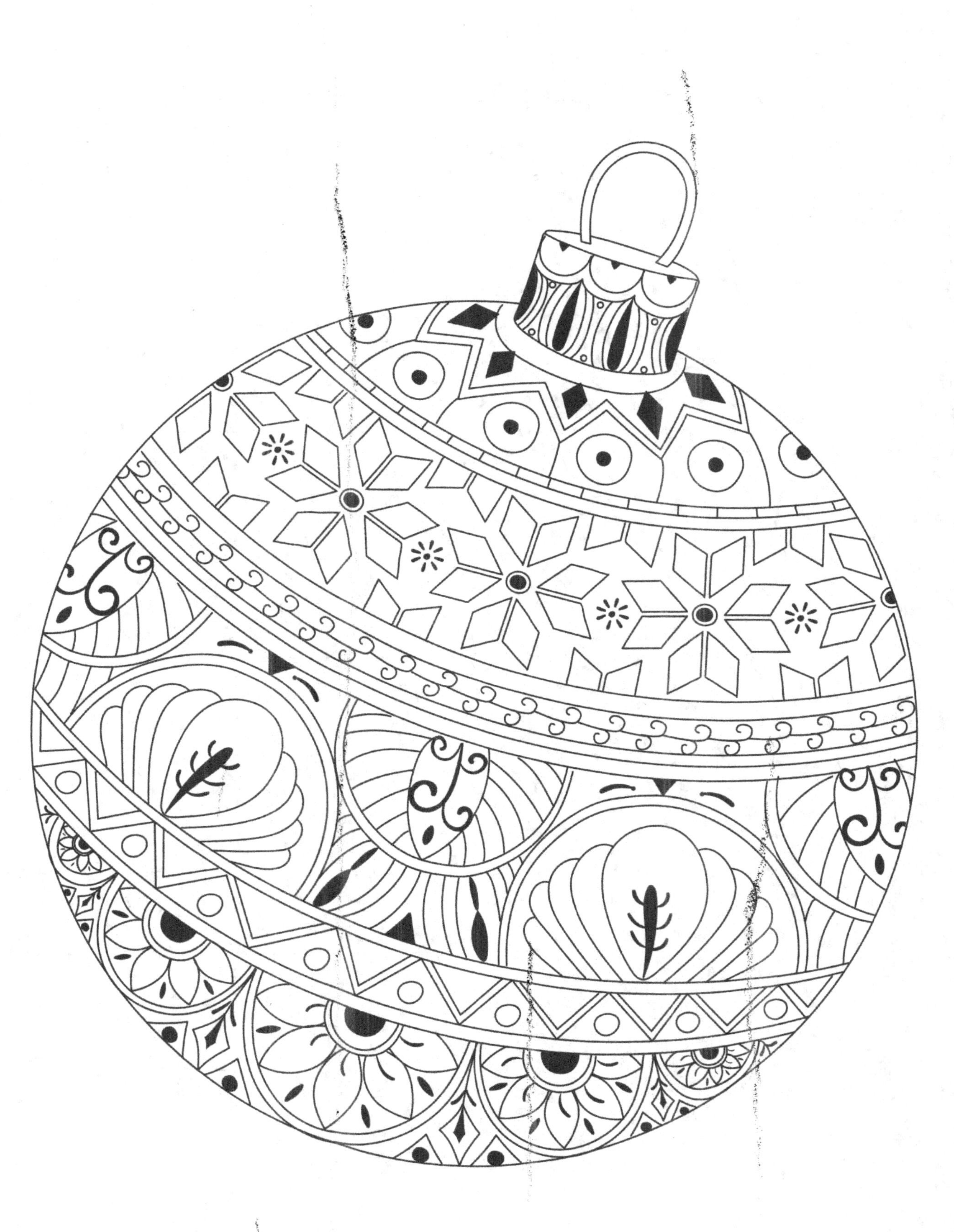

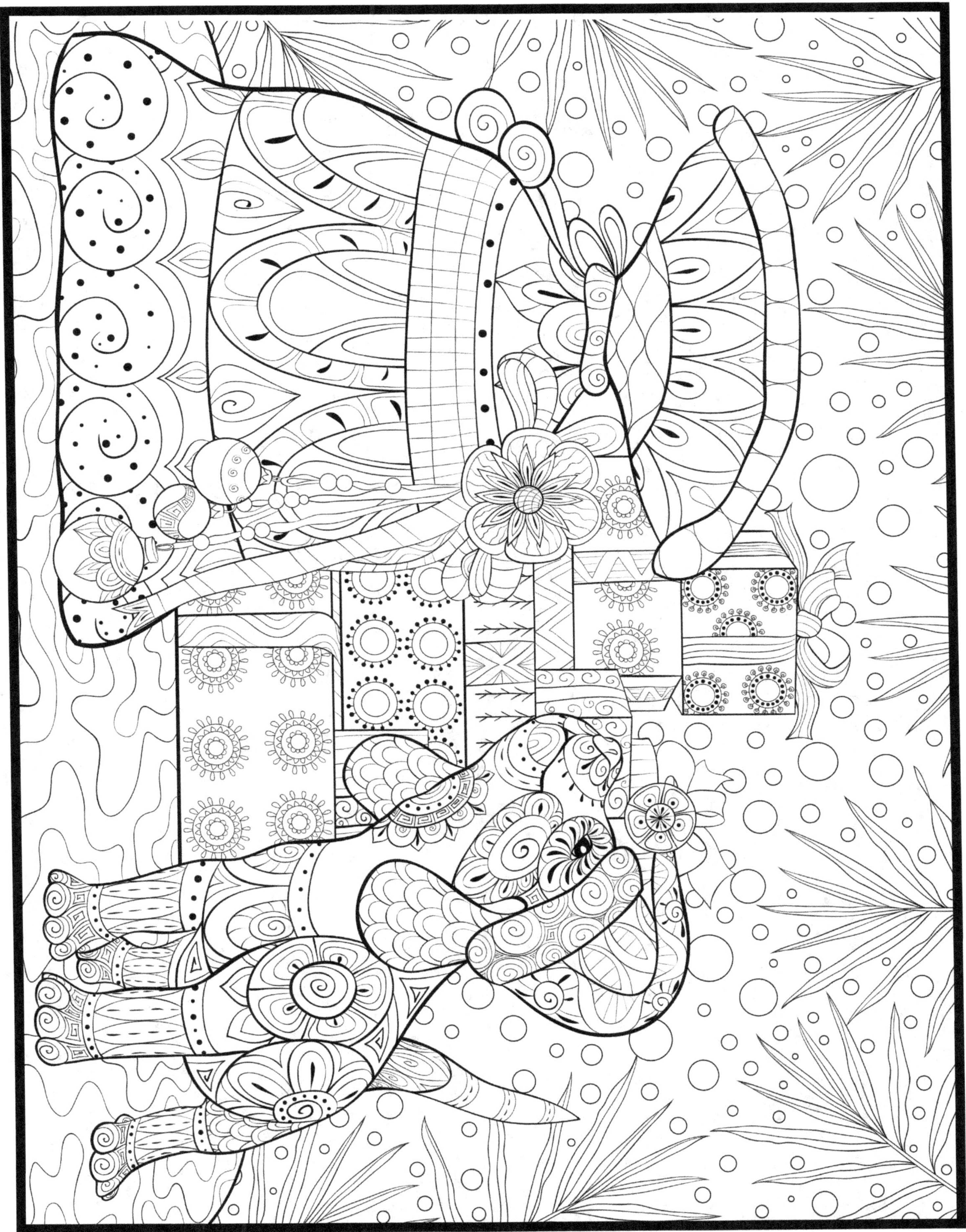

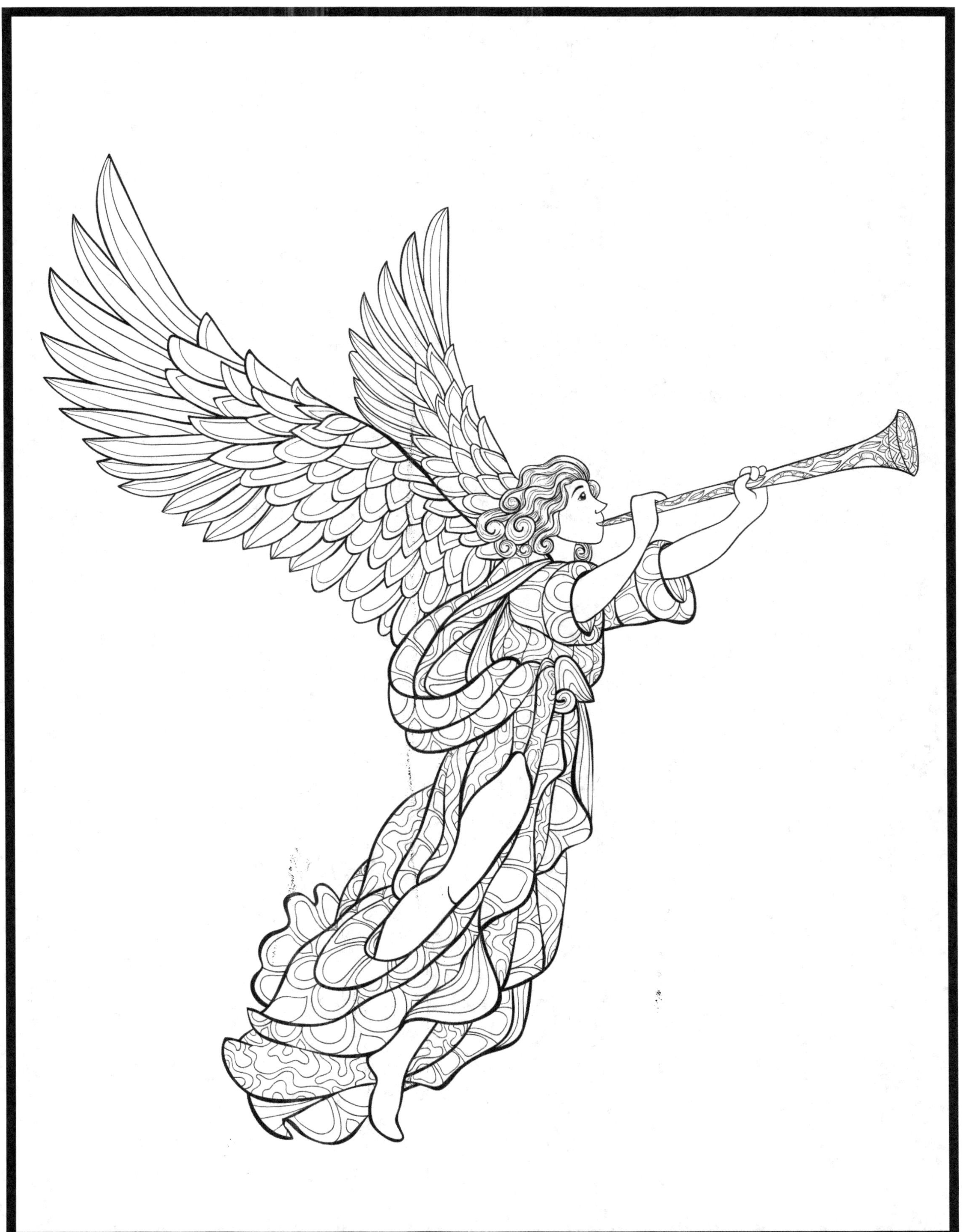

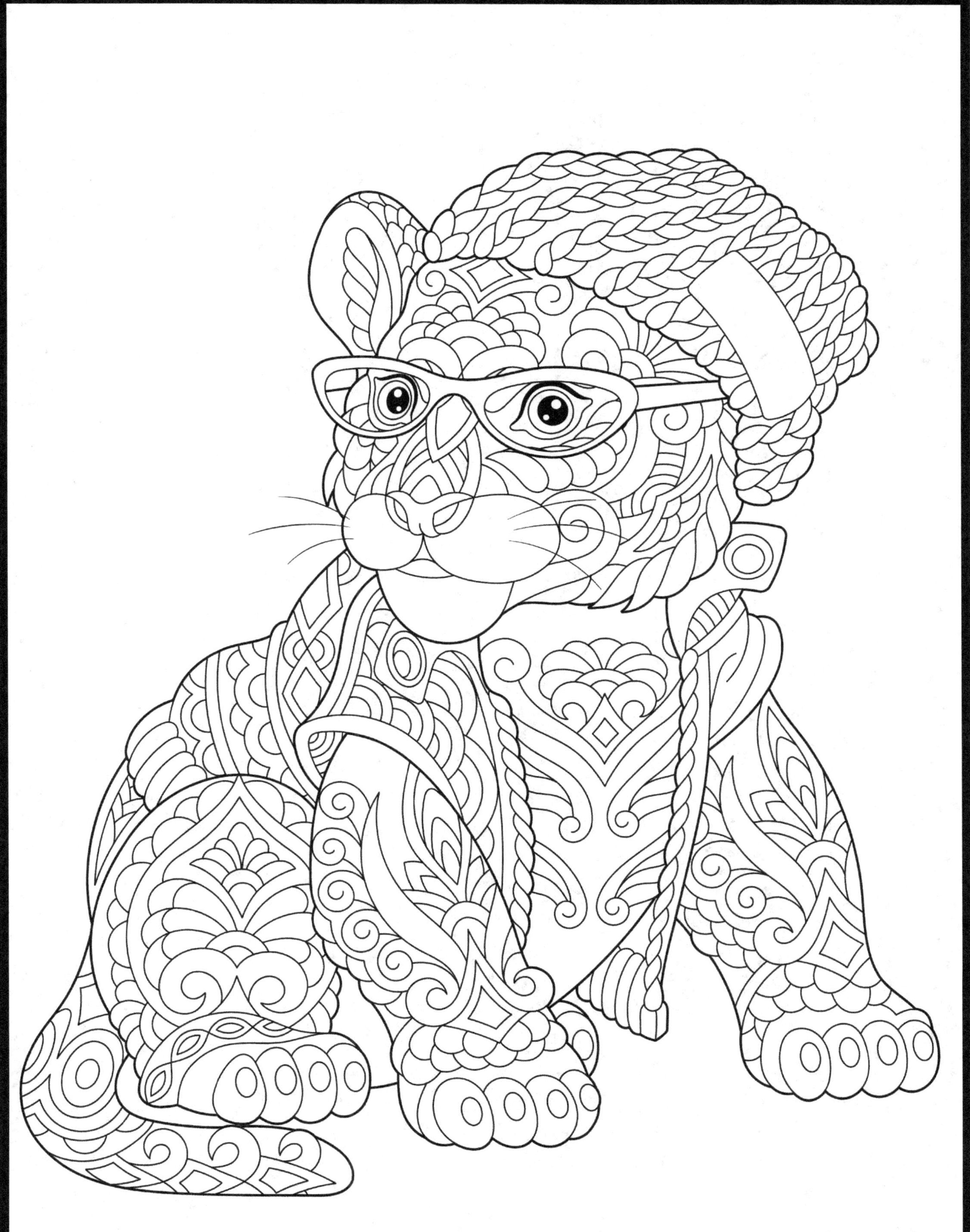

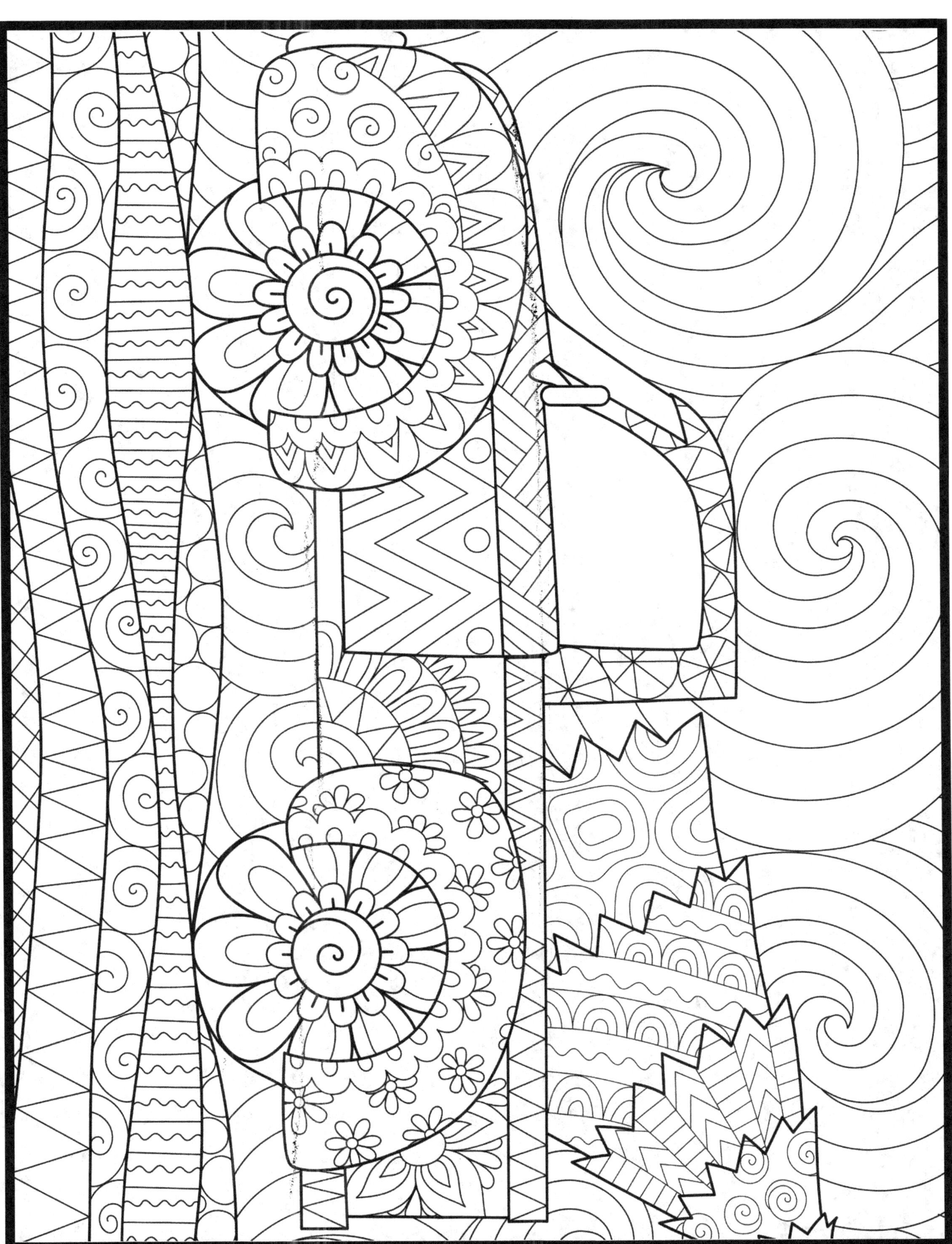

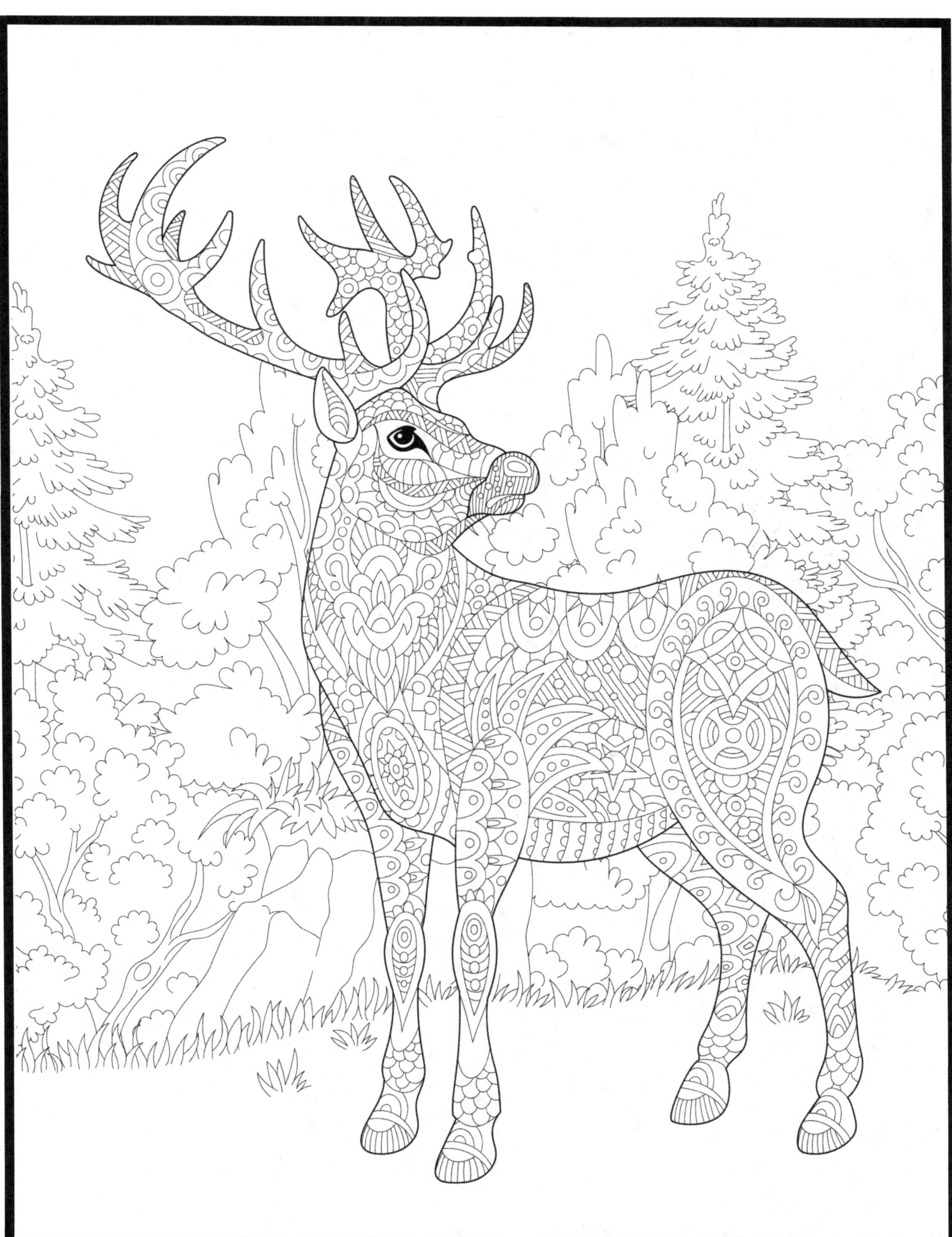

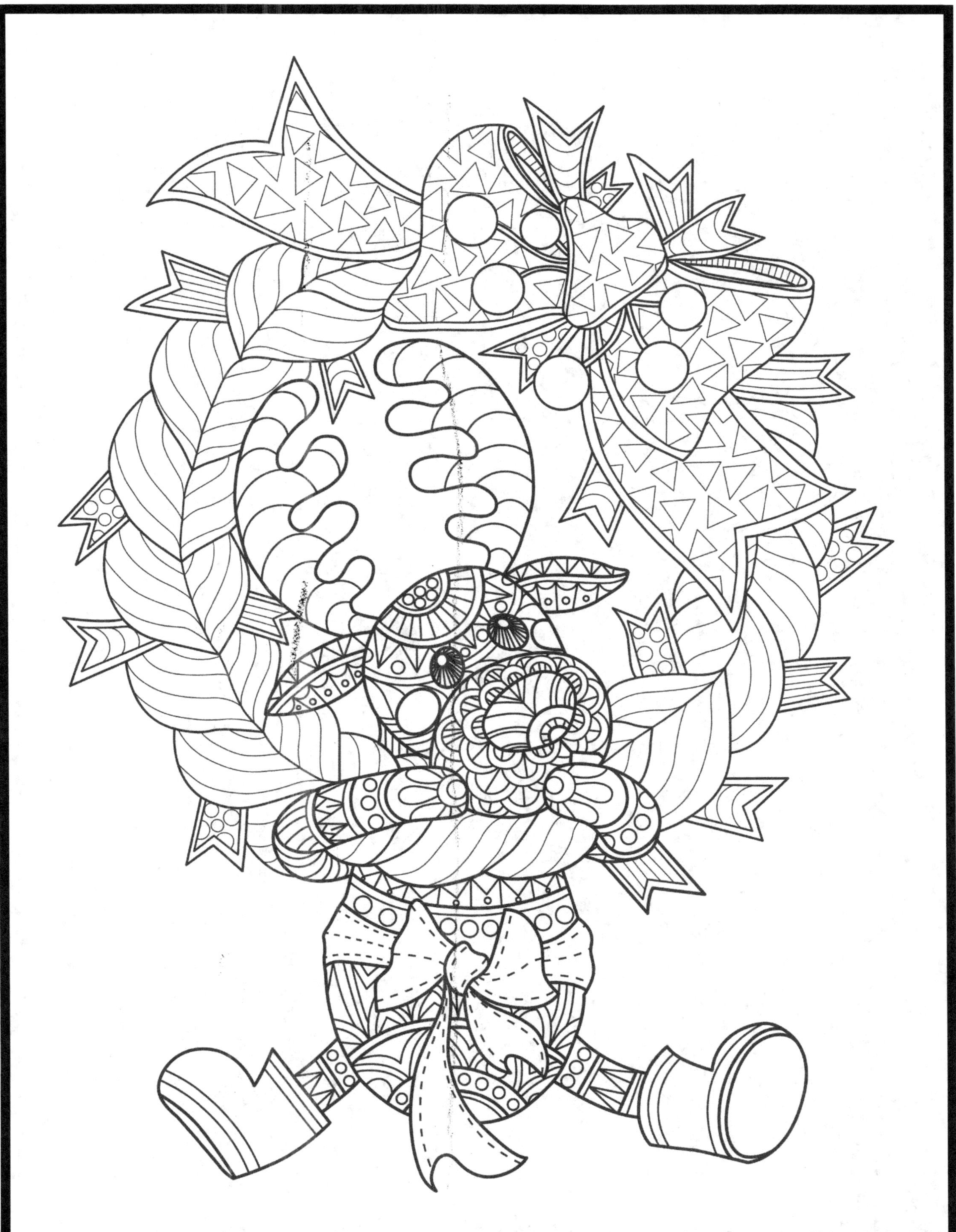

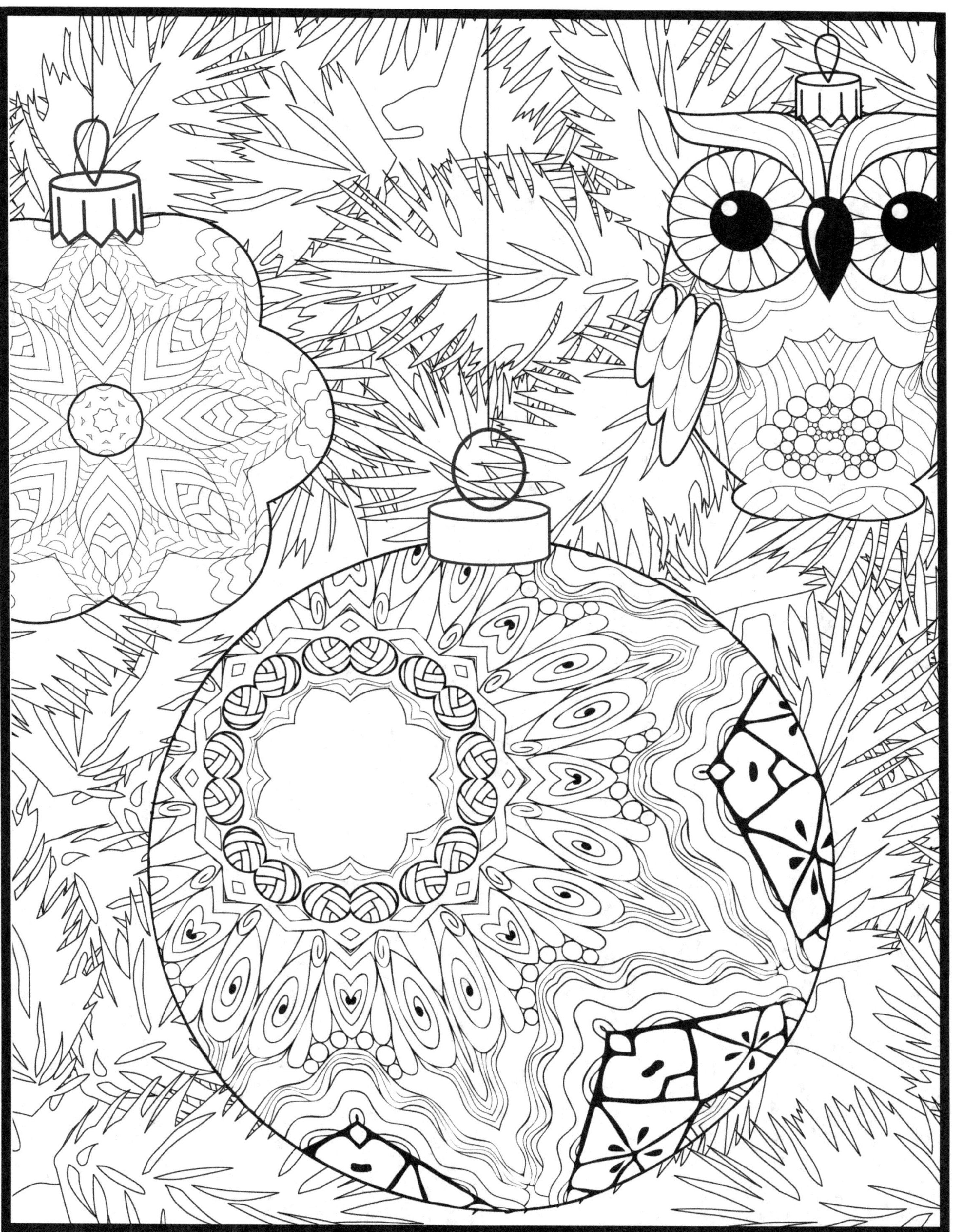

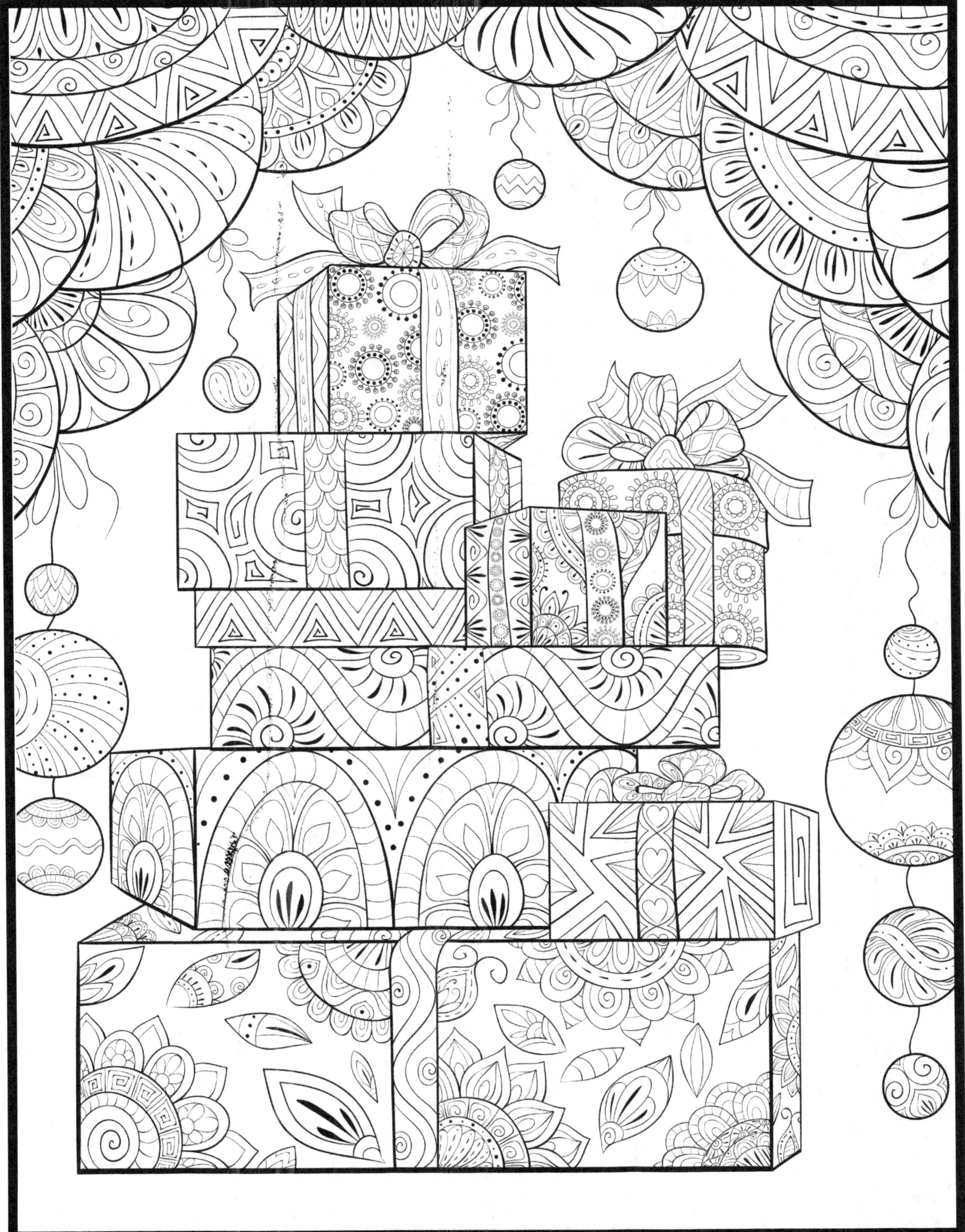

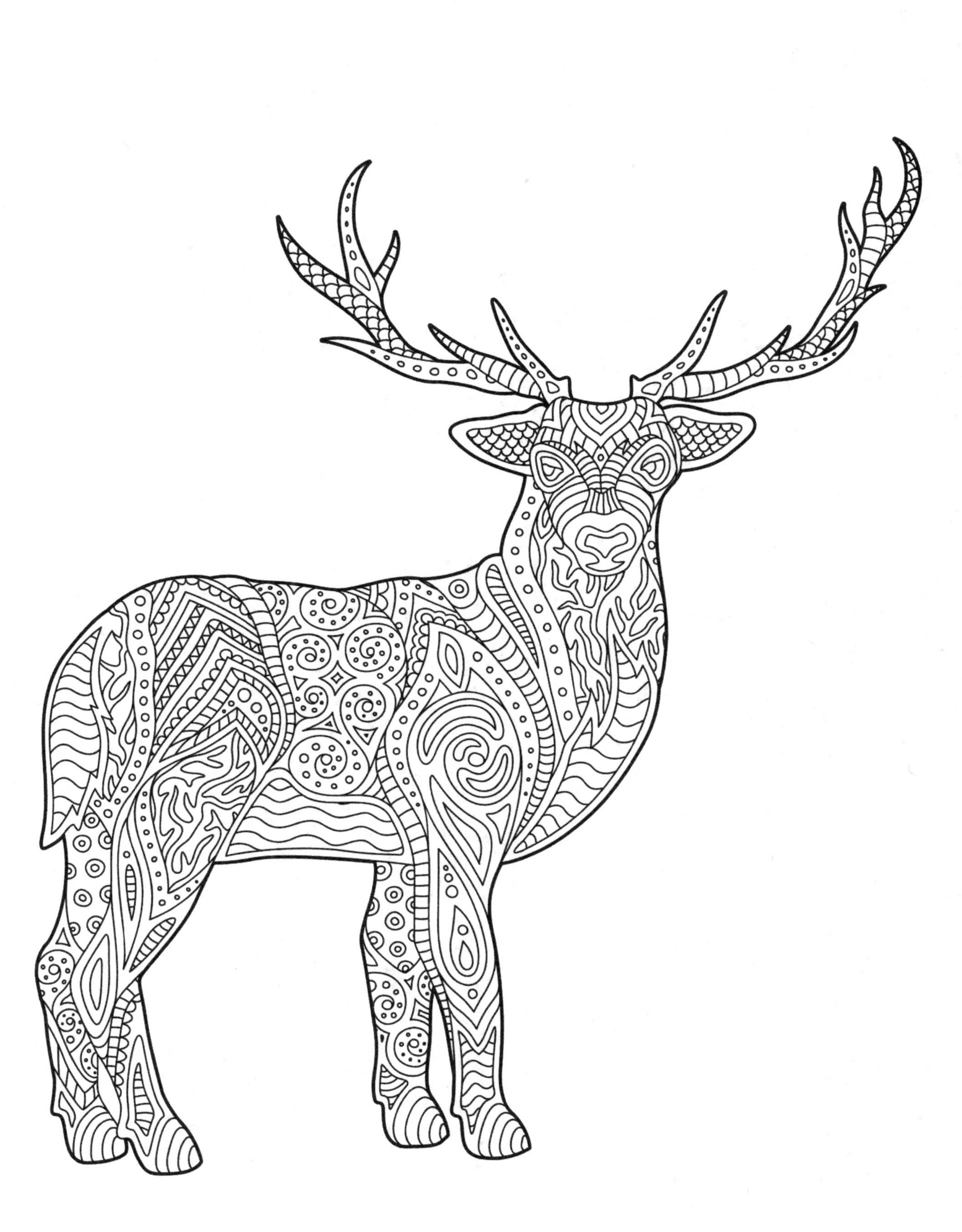

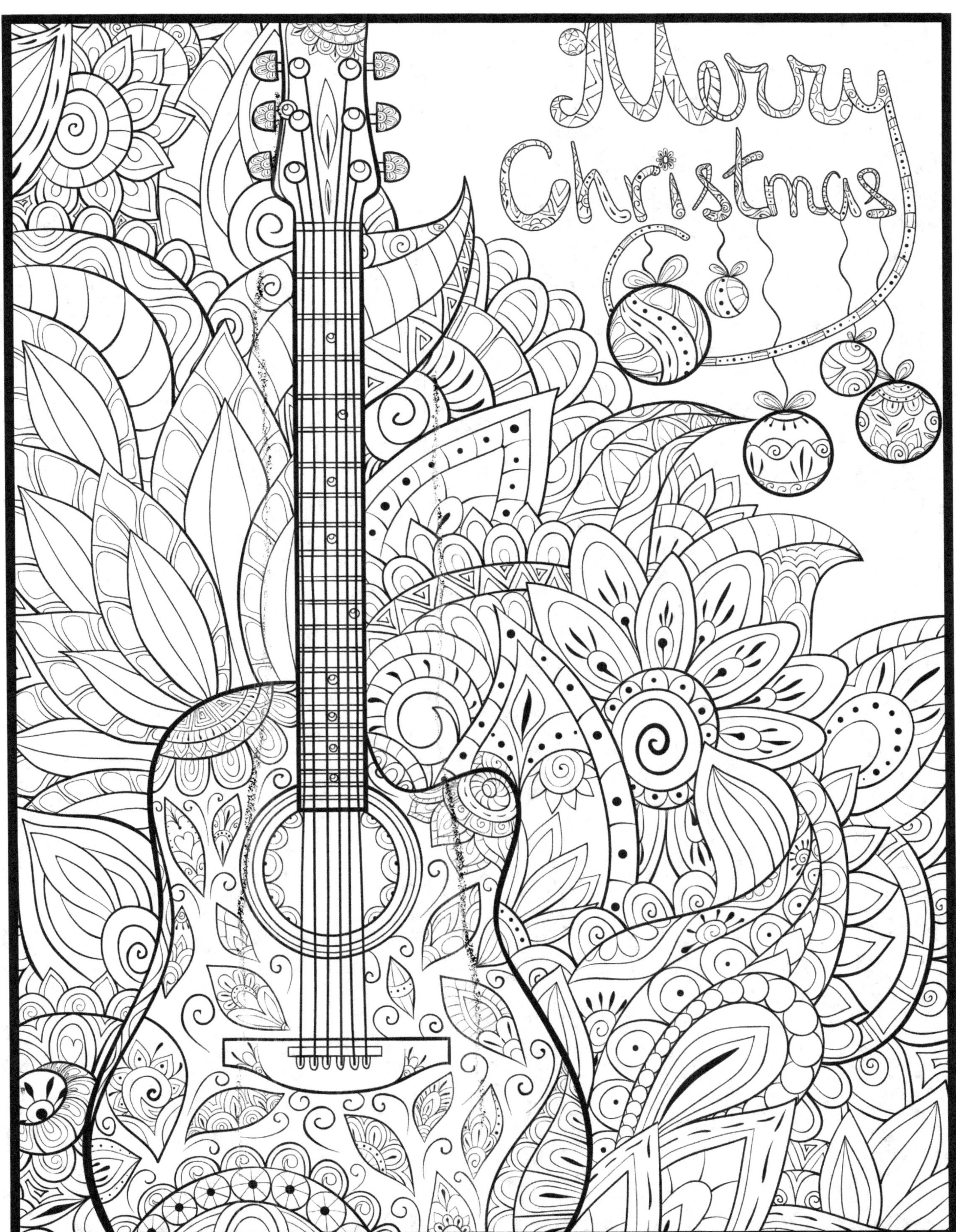

Merry
Christmas

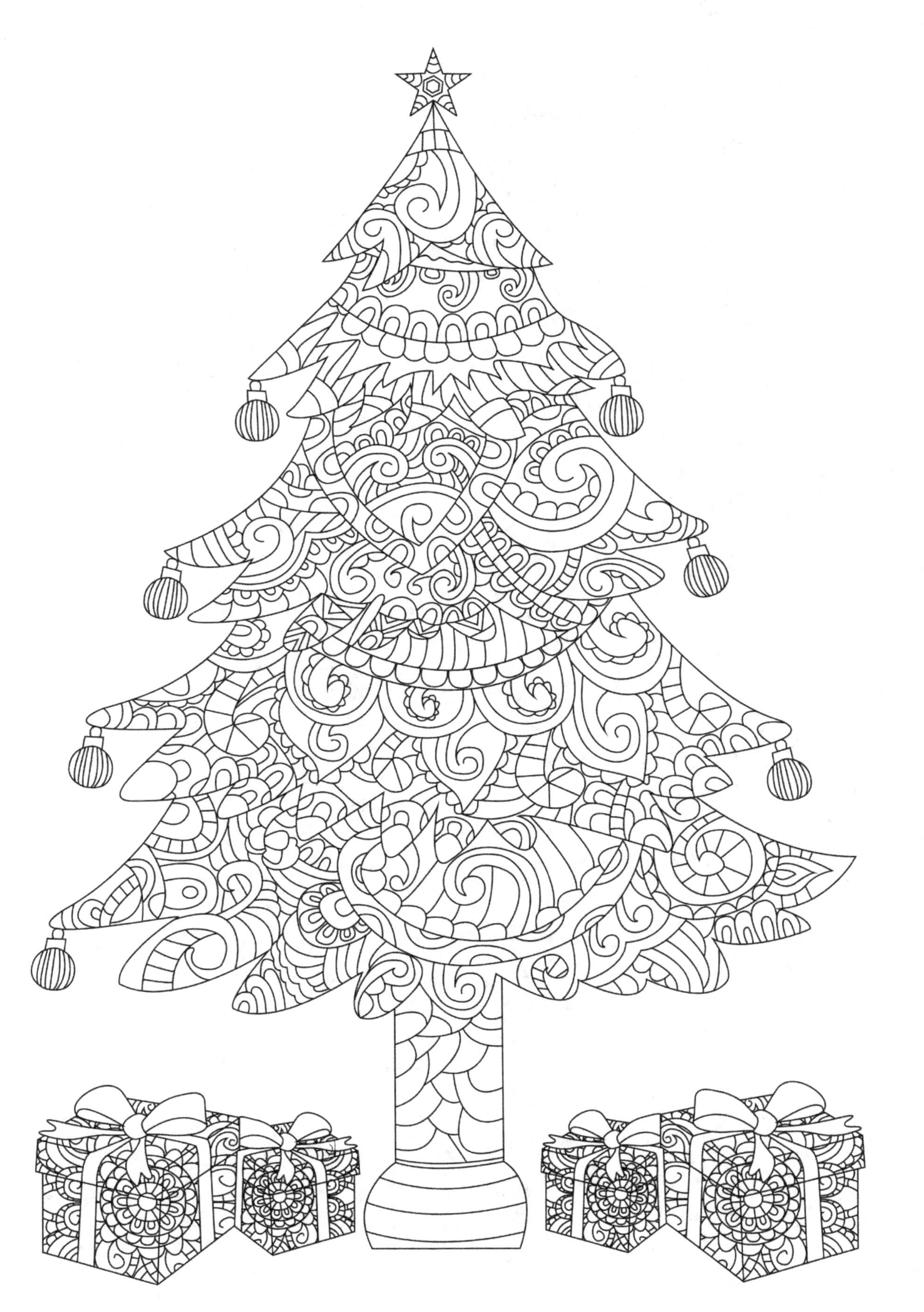

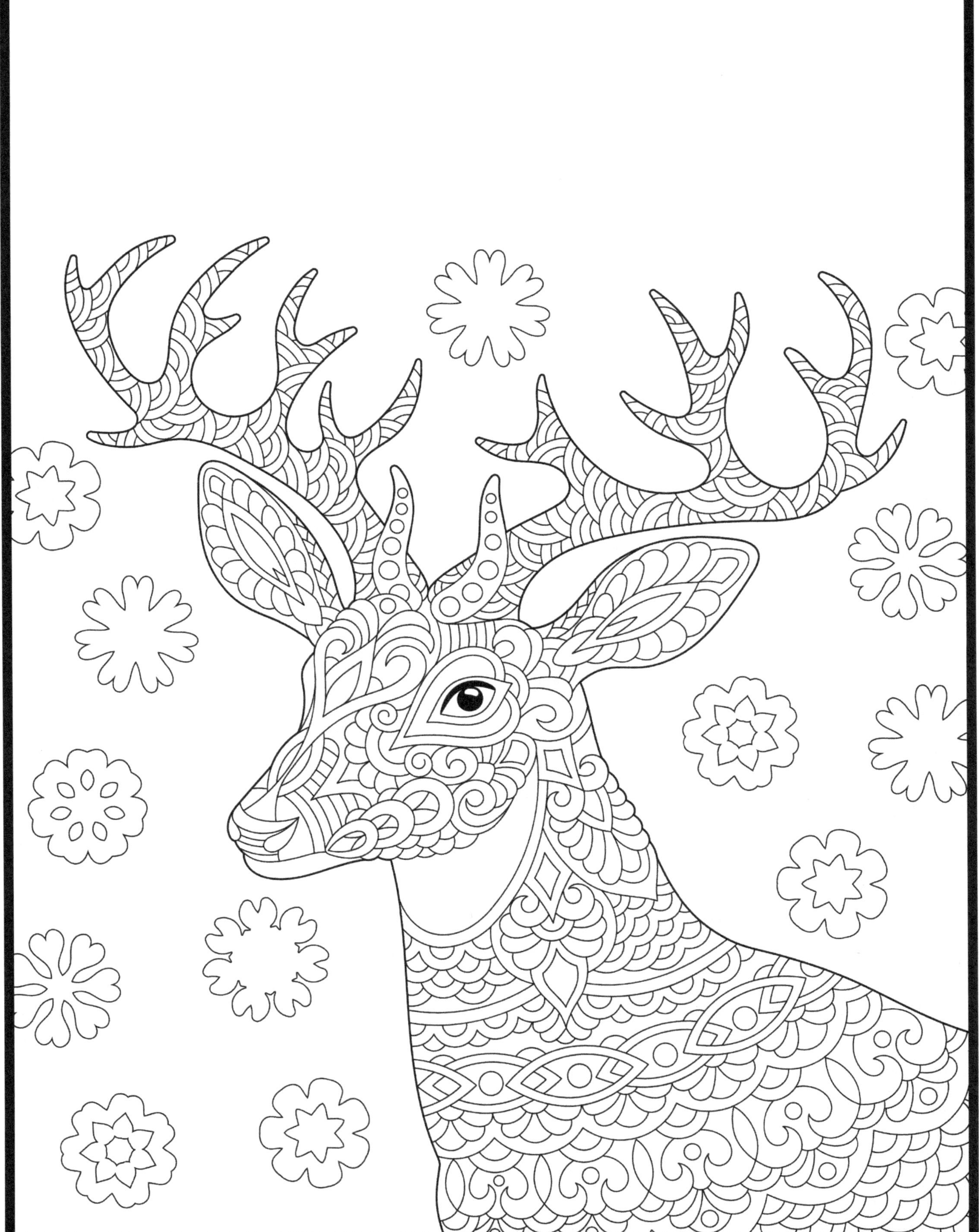